Leclair
et Rouge,

Nouvelle petite grammaire
des écoles Primaires

1875

NOUVELLE PETITE GRAMMAIRE

DES

ÉCOLES PRIMAIRES

ACCOMPAGNÉE

DE SIX CENT DEUX EXERCICES

PAR

M. L. LECLAIR

AGRÉGÉ DE L'UNIVERSITÉ,
AUTEUR DE LA MÉTHODE D'ENSEIGNEMENT UNIFORME DES LANGUES
ANCIENNES ET MODERNES

ET

M. C. ROUZÉ

ANCIEN INSTITUTEUR PRIMAIRE, OFFICIER DE L'INSTRUCTION PUBLIQUE
PROFESSEUR AGRÉGÉ AU LYCÉE DE VANVES (SEINE)

PARIS

LIBRAIRIE CLASSIQUE D'EUGÈNE BELIN

RUE DE VAUGIRARD, N° 52.

1875

TABLE DES MATIÈRES.

PRÉFACE

Le bienveillant accueil qu'a reçu notre *Cours de langue française*, et l'approbation unanime dont il a été honoré, nous imposaient le devoir de mettre notre travail à la portée de tous. La division de cet ouvrage en trois volumes qui se complètent, nous avait permis de graduer notre enseignement, et, en le variant à l'infini, de le présenter sous la forme la plus attrayante ; mais, pour une portion assez considérable du public auquel ce *Cours* était destiné, nous n'avons pas suffisamment tenu compte, parait-il, de certaines considérations pécuniaires : bon nombre d'instituteurs, partisans déclarés de notre méthode, nous ont exprimé le regret de ne pouvoir l'adopter, vu *la triple dépense qu'elle nécessite*.

Désireux d'aplanir cet obtacle imprévu, nous avons extrait de notre *Cours de langue française* un résumé qui en renferme la substance et en reproduit la disposition, tout en conservant, autant que le permet l'espace dont nous disposons, le côté pratique et intéressant dont on a bien voulu nous faire un mérite.

Espérons que ce petit volume, sous le titre de *Nouvelle petite Grammaire des Ecoles primaires*, sera aussi le bienvenu, et qu'il servira d'acheminement à un mode d'instruction plus large et plus libéralement organisé.

NOUVELLE
PETITE GRAMMAIRE
DES
ÉCOLES PRIMAIRES

NOTIONS PRÉLIMINAIRES

§ 1. La *grammaire* est l'ensemble des règles du langage.

§ 2. Le langage est parlé ou écrit.

§ 3. Pour parler et pour écrire, on emploie des *mots*.

§ 4. **Lettres.** — Les mots sont composés de *lettres*.

§ 5. Il y a deux sortes de lettres : les *voyelles* et les *consonnes*.

§ 6. **Voyelles.** — Les voyelles sont : *a, e, i, o, u, y*.

§ 7. On les appelle *voyelles* parce que, seules et sans le secours d'aucune autre lettre, elles expriment une *voix*, c'est-à-dire, un *son*.

§ 8. **Consonnes.** — Les consonnes sont : *b, c, d, f, g, h, j, k, l, m, n, p, q, r, s, t, v, w, x, z*.

§ 9. Ces lettres s'appellent *consonnes*, parce qu'elles n'expriment un son qu'avec le secours des voyelles, comme dans : *ba, be, bi, bo, bu; da, de, di, do, du*, etc.

§ 10. *Consonne* veut dire : qui *sonne avec*.

Exercices.

Copiez les trois exercices suivants, en tirant un petit trait sous les voyelles.

PRIÈRE.

Ex. **1.** Notre Père des cieux, père de tout le monde,
De vos petits enfants c'est vous qui prenez soin ;
Mais à tant de bontés vous voulez qu'on réponde [1],
Et qu'on demande aussi, dans une foi profonde [2],
Les choses dont on a besoin.

---

1. Qu'on réponde, c'est-à-dire « qu'à vos bontés *on réponde* par des témoignages de reconnaissance. »

2. Foi profonde. Foi a ici le sens de « confiance en la bonté de Dieu. » Une foi profonde, c'est-à-dire une croyance entière et qui est *tout au fond* de notre cœur.

Ex. 2. Vous m'avez tout donné : la vie et la lumière,
   Le blé qui fait le pain, les fleurs qu'on aime à voir,
   Et mon père et ma mère, et ma famille entière ;
   Moi, je n'ai rien pour vous, mon Dieu, que la prière
     Que je vous dis matin et soir.

Ex. 3. Notre Père des cieux, bénissez ma jeunesse ;
   Pour mes parents, pour moi, je vous prie à genoux ;
   Afin qu'ils soient heureux, donnez-moi la sagesse ;
   Et puissent leurs enfants les contenter sans cesse,
     Pour être aimés d'eux et de vous !   Mme Tastu.

LE GRAIN DE BLÉ.

Copiez les exercices 4, 5, 6, en tirant un petit trait sous les consonnes.

Ex. 4. Dans l'entrepont [1] d'un navire récemment arrivé d'Europe, deux jeunes habitants des îles de la mer Pacifique [2] trouvèrent un grain de blé. « Le blé, sans aucun doute, est une plante très-utile, dit le plus âgé ; mais que faire d'un seul grain ? » et il le rejeta d'un air dédaigneux.

Ex. 5. Son camarade, plus avisé [3], se hâta de le ramasser. Le soir même, il le déposa dans la terre et lui consacra ses soins les plus assidus [4]. La première récolte aurait tenu dans un dé ; la seconde aurait pu remplir une coupe : dès la troisième, il put distribuer quelques grains à ses amis.

Ex. 6. Par la suite, il recueillit d'abondantes moissons, et il eut encore la gloire d'avoir introduit dans son pays une culture qui fit sa fortune et celle de ses compatriotes. C'est ainsi que l'on parvient à d'immenses résultats, quand on ne se laisse rebuter [5] ni par l'aridité [6] du travail, ni par la longue attente de ses produits.   Boulanger.

QUESTIONNAIRE.

Répondez aux questions suivantes : 1° De vive voix ; 2° par écrit et sans le secours du livre.

Qu'est-ce que la grammaire ?	Pourquoi les voyelles se nomment-elles ainsi ?
Qu'emploie-t-on pour parler ou pour écrire ?	Quelles sont les consonnes ?
De quoi se composent les mots ?	Pourquoi les consonnes se nomment-elles ainsi ?
Combien y a-t-il de sortes de lettres ?	Que veut dire le mot *consonne ?*
Quelles sont les voyelles ?	

---

1. Entrepont. Étage entre les deux ponts ou planchers d'un navire.

2. Mer Pacifique. L'océan Pacifique est compris entre l'Asie et la mer des Indes à l'ouest, et l'Amérique à l'est.

3. Avisé : ce mot a ici le sens de *prudent, sage.*

4. Assidus. C'est-à-dire, ses soins continuels, ses soins de tous les jours.

5. Rebuter. Se rebuter, c.-à-d. se laisser décourager par les difficultés.

6. Aridité, sécheresse. On dit ici *l'aridité du travail,* parce que l'ouvrage dont il s'agit, semblable à un terrain aride, paraissait ne devoir produire que peu de fruit, et néanmoins exigeait beaucoup de peine.

§ 11. LES TROIS SORTES D'e. — L'*e* se prononce de trois manières, et cette diversité de prononciation lui a fait donner trois noms différents : *e muet, é fermé, è ouvert*.

§ 12. L'*e muet* se fait à peine entendre, comme dans ces mots : *homme, monde, leçon*.

§ 13. L'*é fermé* se prononce la bouche presque fermée, comme dans ces mots : *bonté, café*.

§ 14. L'*è ouvert* se prononce en ouvrant davantage la bouche, comme dans ces mots : *succès, procès*.

§ 15. L'*y* grec s'emploie pour un *i* après une consonne, ou bien au commencement et à la fin des mots. Ex. : *lyre, yeux, dey*.

§ 16. L'*y* grec s'emploie pour deux *i* après une voyelle. Ex. : *pays, moyen, joyeux* (qui se prononcent *pai-is, moi-ien, joi-ieux*).

§ 17. La lettre *h* est muette ou aspirée. Elle est *muette* quand elle ne se fait pas entendre dans la prononciation. Ex. : l'*honneur*, l'*histoire* (qu'on prononce l'*onneur*, l'*istoire*).

§ 18. La lettre *h* est *aspirée* quand elle fait prononcer du gosier la voyelle qui suit. Ex. : le *héros*, la *haine*.

L'OFFRANDE DU PAUVRE.

Cherchez, dans les exercices suivants, les mots où se trouve l'*e* muet, et faites-en une liste.

Ex. 7. Fénelon, archevêque de Cambrai[1], confessait assidûment et indistinctement[2] dans sa métropole[3] toutes les personnes qui s'adressaient à lui. Il y disait la messe tous les samedis. Un jour il aperçut, au moment où il allait monter à l'autel, une pauvre femme fort âgée qui paraissait vouloir lui parler. Il s'approcha d'elle avec bonté, et l'enhardit par sa douceur à s'exprimer sans crainte.

Ex. 8. « Monseigneur, lui dit-elle en pleurant et en lui présentant une pièce de douze sous, je n'ose pas ; mais j'ai beaucoup de confiance dans vos prières. Je voudrais vous prier de dire la

---

1. Ville du nord de la France.
2. C'est-à-dire, les pauvres comme les riches.
3. **Métropole,** *ville mère,* c'est-à-dire ville qui a donné naissance à d'autres. Ici, ce mot désigne l'Eglise dont dépendent toutes celles qui appartiennent au même diocèse.

messe pour moi. — Donnez, ma bonne, lui dit Fénelon en recevant son offrande ; votre aumône sera agréable à Dieu.

Ex. **9.** Messieurs, dit-il ensuite aux prêtres qui l'accompagnaient pour le servir à l'autel, apprenez à honorer[1] votre ministère. » Après la messe, il fit remettre à cette femme une somme assez considérable, et lui promit de dire une seconde messe le lendemain à son intention.   MAURY.

Ex. **10.** Cherchez, dans les exercices précédents, les mots où se trouve l'*é* fermé, et faites-en une liste.

Ex. **11.** Cherchez, dans les exercices précédents, les mots où se trouve l'*è* ouvert, et faites-en une liste.

Copiez et soulignez les mots où *y* est employé pour deux *i*.

Ex. **12.** Les paupières servent à protéger les yeux. — Le prince de Tunis[2] porte le titre de bey. — Les anciens chantaient en s'accompagnant de la lyre. — L'Irlande[3] est une île couverte de plaines verdoyantes. — Richelieu[4] a fait construire le Palais-Royal. — La physique est la science de la nature.

LE ROUGE-GORGE[5].

Copiez les exercices suivants et séparez chaque syllabe par un trait.
Modèle : Le rou-ge gor-ge.

Ex. **13.** Ce petit oiseau passe tout l'été dans nos bois et ne vient auprès des habitations qu'à son départ en automne et à son retour au printemps ; mais, dans ce dernier passage, il se hâte d'entrer dans les forêts. Il recherche l'ombrage épais et les endroits humides.

Ex. **14.** C'est habituellement à la fin de septembre que les rouges-gorges commencent à se mettre en mouvement[6] ; s'il en est un qui soit resté au bois pendant l'hiver, il y devient le compagnon du bûcheron ; il s'approche de sa cabane pour se chauffer à son modeste feu.

QUESTIONNAIRE.

De combien de manières se prononce la lettre *e* ?

Comment se prononce l'*e* muet ?

Comment se prononce l'*é* fermé ?

Comment se prononce l'*è* ouvert ?

Citez des exemples.

Quand l'*y* s'emploie-t-il pour *i* ?

Quand l'*y* s'emploie-t-il pour deux *i* ?

Quand est-ce que la lettre *h* est muette ?

Quand est-ce que la lettre *h* est aspirée ?

1. Fénelon veut dire que le moyen de mériter l'estime et le respect, c'est de faire des œuvres charitables.

2. **Tunis**, ville capitale de la Tunisie, province de l'Afrique.

3. **Irlande**, grande île située à l'ouest de l'Angleterre.

4. **Richelieu**, cardinal, ministre du roi Louis XIII.

5. **Rouge-gorge**, petit oiseau qui a la gorge et la poitrine rouges.

6. C.-à-d., à partir.

§ 19. Syllabes et mots. — On appelle *syllabe* une ou plusieurs lettres qu'on prononce par une seule émission de voix.

§ 20. On appelle *mot* une ou plusieurs syllabes réunies, exprimant une idée, comme *toit, maison.*

§ 21. Un mot formé d'une seule syllable se nomme *monosyllabe.* Ex. : *feu, roi.*

§ 22. Un mot formé de deux syllabes s'appelle *dissyllabe.* Ex. : *bonté, vertu.*

§ 23. Un mot formé de trois syllabes se nomme *trissyllabe.* Ex. : *vérité, firmament.*

§ 24. En général, on appelle *polysyllabe* un mot qui a plusieurs syllabes.

§ 25. Diphthongues. — On appelle *diphthongue* la réunion de *deux sons* en une seule syllabe; ainsi, dans les mots *Dieu, bien, oui,* il y a deux sons distincts, prononcés par une seule émission de voix.

Mais si les deux voyelles réunies ne produisent qu'un son, comme *ai, au, ou, eu, œu,* ce ne sont pas des diphthongues : ce sont des *voyelles composées.*

Copiez les exercices suivants, en séparant les syllabes par un petit trait.
Modèle : *fau-vet-te.*

LE NID DE FAUVETTE.

Ex. **15.** Je le tiens, ce nid de fauvette!
Ils sont deux, trois, quatre petits!
Depuis si longtemps je vous guette [1],
Pauvres oiseaux; vous voilà pris!
Criez, sifflez, petits rebelles [2] :
Débattez-vous; oh! c'est en vain :
Vous n'avez pas encore d'ailes,
Comment vous sauver de ma main?

Ex. **16.** Mais, quoi! n'entends-je point leur mère
Qui pousse des cris douloureux?
Oui, je le vois, oui, c'est leur père
Qui vient voltiger auprès d'eux.
Ah! pourrais-je causer leur peine,
Moi qui, l'été, dans ces vallons [3],
Venais m'endormir sous un chêne
Au bruit de leurs douces chansons?

---

1. **Guetter,** épier, observer pour surprendre : le chat guette la souris.

2. **Rebelle,** ici, qui résiste et cherche à s'échapper.

3. **Vallon,** espace creux enfermé entre deux collines ou deux petites montagnes.

Ex. **17**. Hélas! si du sein de ma mère
Un méchant venait me ravir [1],
Je le sens bien, dans sa misère
Elle n'aurait plus qu'à mourir.
Et je serais assez barbare [2]
Pour vous arracher vos enfants!

Ex. **18**. Non, non, que rien ne vous sépare;
Non, les voici, je vous les rends.
Apprenez-leur dans le bocage [3]
A voltiger auprès de vous:
Qu'ils écoutent votre ramage [4],
Pour former des sons aussi doux.   BERQUIN.

Ex. **19**. Faites une liste des monosyllabes contenus dans les exercices précédents.

Ex. **20**. Faites une liste des dissyllabes contenus dans les exercices précédents.

Ex. **21**. Faites une liste des trissyllabes contenus dans les exercices précédents.

LES TROIS AMIS.
Soulignez les mots qui renferment une diphthongue.

Ex. **22**. Un homme avait trois amis: deux lui étaient surtout très-chers; le troisième lui était indifférent [5], quoique celui-ci lui portât un sincère attachement. Un jour, il fut appelé en justice. « Qui de vous, dit-il à ses amis, viendra témoigner en ma faveur? Le premier de ses amis s'excusa à l'instant de ne pouvoir l'accompagner, et prétendit qu'il était retenu par d'autres affaires.

Ex. **23**. Le second le suivit jusqu'aux portes du palais de justice; là il s'arrêta et retourna sur ses pas. Le troisième, sur lequel il avait le moins compté, entra et témoigna de son innocence avec tant de force, que le juge le déclara innocent. L'homme a trois amis en ce monde: comment se comportent-ils à l'heure de la mort, lorsque Dieu l'appelle à son tribunal?

Ex. **24**. L'argent, son ami chéri, le laisse d'abord. Ses parents et ses amis le suivent jusqu'aux portes du tombeau, et retournent dans leurs demeures. Le troisième l'accompagne jusqu'au trône du souverain Juge: ce sont ses bonnes œuvres; elles parlent [6] en sa faveur et le justifient aux yeux de Dieu.

QUESTIONNAIRE.

Qu'appelle-t-on syllabe?	Qu'appelle-t-on trissyllabe?
Qu'appelle-t-on mot?	Qu'appelle-t-on polysyllabe?
Qu'appelle-t-on monosyllabe?	Qu'appelle-t-on diphthongue?
Qu'appelle-t-on dissyllabe?	Qu'appelle-t-on voyelle composée?

---

1. **Ravir**, enlever brusquement.
2. **Barbare**, cruel.
3. **Bocage**, petit bois.
4. **Ramage**, chant des oiseaux.
5. **Indifférent**, qui n'inspire aucun intérêt, aucune affection.
6. **Parlent**, c.-à-d., le défendent, et le *justifient*, c.-à-d., font qu'il paraît *juste*, *vertueux* et *innocent*, aux yeux de Dieu.

1.

§ 26. Accents. — Il y a trois accents : l'accent *aigu*, l'accent *grave* et l'accent *circonflexe*.

§ 27. L'accent *aigu* (´) se met sur les *é* fermés : *bonté, café*.

§ 28. L'accent (`) se met sur les *è* ouverts : *succès, procès*.

§ 29. L'accent *circonflexe* (ˆ) sert à indiquer que les voyelles sont longues ; ainsi :

a, bref dans *patte*, est long dans *pâte*.

e, bref dans *trompette*, est long dans *tempête*.

i, bref dans petite, est long dans *gîte*.

o, bref dans *dévote*, est long dans *apôtre*.

u, bref dans *butte*, est long dans *flûte*.

§ 30. On fait encore usage d'autres signes orthographiques, à savoir :

L'*apostrophe* ('), qui marque la suppression d'une des voyelles *a, e, i*. Ex. : *l'âme, l'orgueil, s'il pleut* (pour *la âme, le orgueil, si il* pleut).

§ 31. La *cédille* (¸), qui donne le son de *s* au *c* placé devant *a, o, u*. Ex. : *français, glaçon, reçu*.

§ 32. Le *tréma* (¨), qui se met sur les voyelles *e, i, u*, pour les détacher d'une autre voyelle et les faire prononcer séparément. Ex. : *poëme, naïf, Saül*.

§ 33. Le *trait d'union* (-), qui joint plusieurs mots pour n'en former qu'un par le sens. Ex. : *arc-en-ciel, pied-à-terre*.

L'OURSE ET LE PETIT OURS.

Lisez les quatre exercices suivants, en expliquant la nature et la valeur des signes d'accentuation. Modèle : *L, apostrophe, mis pour la.*

Ex. 25. Une ourse avait un petit ours qui venait de naître. Il était tellement laid qu'on ne reconnaissait en lui aucune figure [1] d'animal : c'était une masse informe [2] et hideuse. L'ourse, toute honteuse d'avoir un tel fils, va trouver sa voisine la corneille [3]. « Que ferai-je, lui dit-elle, de ce petit monstre ? J'ai envie de l'étrangler. »

Ex. 26. « Gardez-vous-en bien, dit la causeuse ; j'ai vu d'autres ourses dans le même embarras que vous. Allez, léchez doucement votre fils ; il sera bientôt joli, mignon, et propre à vous

---

1. **Figure** a ici le sens de *forme*.
2. C.-à-d., sans forme, laid à voir ; *hideux*, repoussant.

3. Espèce de petit corbeau, dont le *caquet* ou bavardage est étourdissant et insupportable.

faire honneur. La mère crut facilement ce qu'on lui disait en faveur de son fils ; elle eut la patience de le lécher longtemps. Enfin il commença à devenir moins difforme, et elle alla remercier la corneille en ces termes[1] : « Si vous n'eussiez modéré[2] mon impatience, j'aurais cruellement déchiré mon fils, qui fait maintenant tout le plaisir de ma vie. »   FÉNELON.

Copiez les exercices suivants, en remplaçant l'apostrophe par la lettre élidée.
Modèle : L'Océan. Écrivez : (Le) Océan.

Ex. 27. L'Océan occupe les trois quarts de notre globe. — L'Italie[3] jouit d'un climat délicieux. — Qui n'aime pas Dieu, n'aime que soi. — L'ennui est une maladie dont le travail est le remède. — Les livres sont à l'âme ce que la nourriture est au corps.

Ex. 28. L'oubli de la religion conduit souvent l'homme à l'oubli de tous les devoirs. — L'Allemagne[4] n'est pas si commerçante que l'Angleterre[5]. — L'ingratitude[6] est l'indice[7] d'une petite âme. — On ne peut voir la vertu sans l'aimer, et on ne peut l'aimer sans être heureux.

Copiez les exercices suivants et mettez une cédille sous le *c*, quand il y a lieu, en remplaçant le *c* et les deux points par ç. — Modèle : ÇA — ÇO — ÇU.

Ex. 29. (Commenc..ons) bien notre journée: besogne bien (commenc..ée) est déjà très-(avanc..ée). — L'ingrat oublie bien vite le bienfait qu'il a (rec..u). — La (fac..ade) du Louvre est admirable. — L'(Oc..éan) glacial roule des (glac..ons) qui ont parfois une lieue d'étendue. — Ne nous (berc..ons) point de vaines (espéranc..es).

Ex. 30. Il ne faut jamais juger les choses sur un simple (aperc..u). — La tortue et le (colimac..on) portent leur maison. — Après une longue traversée, Colomb[8] (aperc..ut) enfin le Nouveau-Monde. — Une seule défaite (effac..a) souvent bien des triomphes. — Rome (commenc..a) à se corrompre quand elle fut devenue trop riche.

QUESTIONNAIRE.

Combien y a-t-il d'accents en français ?	Que marque l'*apostrophe*?
Où met-on l'accent *aigu*?	A quoi sert la *cédille*?
Où met-on l'accent *grave*?	Où met-on le *tréma*?
A quoi sert l'accent *circonflexe*?	A quoi sert le *trait d'union*?
	Citez des exemples.

---

1. **Terme**, mot, expression.

2. **Modérer**, diminuer, ramener à la juste mesure.

3. **L'Italie**, royaume de l'Europe méridionale : capitale, Rome.

4. **L'Allemagne**, vaste contrée, située à l'est de la France.

5. **L'Angleterre** est une des trois contrées qui forment le royaume-uni de la Grande-Bretagne ; les autres sont l'Écosse et l'Irlande.

6. **Ingratitude**, manque de reconnaissance.

7. **Indice**, signe, marque.

8. **Colomb** (Christophe), illustre navigateur génois (1441-1506), découvrit l'Amérique en 1492.

ESPÈCES DE MOTS.

§ 34.—Il y a en français neuf espèces de mots, qu'on appelle les *parties du discours* : le *nom* ou *substantif*, l'*adjectif*, le *pronom*, le *verbe*, le *participe*, la *préposition*, l'*adverbe*, la *conjonction* et l'*interjection* (1).

§ 35. — Ces neuf espèces de mots se divisent en mots *variables* et en mots *invariables*.

Les mots *variables*, c'est-à-dire ceux dont la terminaison peut changer, sont : le *nom*, l'*adjectif*, le *pronom*, le *verbe* et le *participe*.

Les mots *invariables*, c'est-à-dire ceux dont la terminaison ne change jamais, sont : la *préposition*, l'*adverbe*, la *conjonction* et l'*interjection*.

CHAPITRE PREMIER

DU NOM OU SUBSTANTIF.

§ 36. Le **nom**, ou *substantif*, est le mot qui sert à nommer, à désigner une personne ou une chose.

Ex. : *Homme, Paul, habit, chapeau.*

§ 37. Il y a deux sortes de noms : le nom *commun* et le nom *propre*.

§ 38. Le nom *commun* est celui qui convient à toutes les personnes et à toutes les choses de la même espèce.

Ainsi, *homme, cheval, maison* sont des noms communs, parce qu'ils peuvent désigner tous les hommes, tous les chevaux ou toutes les maisons.

§ 39. Le nom *propre* est celui qui sert à distinguer une personne ou une chose de toutes celles de leur espèce.

Ainsi *Adam, Ève*, sont des noms propres, parce qu'ils distinguent l'homme et la femme qui portaient ces noms, de tous les autres hommes et de toutes les autres femmes. — Les *Romains*, les *Grecs*, sont aussi des noms propres, parce qu'ils distinguent ces peuples de tous les autres peuples.

§ 40. La première lettre d'un nom propre doit être une *majuscule* ou *grande lettre*.

---

(1) Nous disons neuf espèces de mots et non pas dix, parce que l'*article* étant un *adjectif déterminatif*, nous avons cru plus juste de le ranger en tête de ces derniers que d'en faire un mot à part, conformément à une classification généralement adoptée, mais que rien ne justifie, selon nous.

Copiez les sept exercices suivants en tirant un trait sous les noms communs et deux traits sous les noms propres.

Ex. 31. L'*Europe* se divise en quinze *contrées* principales, dont quatre sont situées au *nord*. Ce sont: la *Grande-Bretagne*, dont la *capitale* est *Londres*, *ville* très-commerçante; la *Scandinavie*, *capitale Stockholm*; le *Danemark*, *capitale Copenhague*, et la *Russie*, *capitale Saint-Pétersbourg*.

Ex. 32. Au *centre* s'étendent la *France*, la *Belgique* et la *Hollande*, dont les *capitales* sont *Paris*, *Bruxelles*, et *Amsterdam*; la *Prusse*, *capitale Berlin*; la *Suisse*, *villes* principales: *Genève*, *Bâle* et *Berne*; et l'*Autriche*, *capitale Vienne*.

Ex. 33. Les cinq *contrées* du *sud* sont: le *Portugal* et l'*Espagne*, qui forment la *péninsule*[1] hispanique, et dont les *capitales* sont *Lisbonne* et *Madrid*; l'*Italie*, dont la *ville* principale est *Rome*; la *Grèce*, *capitale Athènes*; et la *Turquie* d'*Europe* dont la *capitale* est *Constantinople*.

Ex. 34.	**Ex. 35.**	**Ex. 36.**	**Ex. 37.**
La Bourgogne[2]	La Seine[5]	Lettre	Bœuf
Vigneron	Table	Le Rhône[9]	Les Cévennes[13]
Livre	Bordeaux[6]	Paris	Fermière
Louise	Ane	Fermier	La Garonne[14]
La Provence[3]	Louis	Marie	Marguerite
Négociant	La Lozère[7]	Marseille[10]	Le Caucase[15]
La Loire[4]	Cheval	La Picardie[11]	Paul
Couturière	Charlemagne	Instituteur	Bergère
Lyon	Jeanne	Cahier	Henri
Reine	Les Alpes[8]	La Lorraine[12]	Lion

Ex. 38. Faites pour chaque colonne une liste des noms communs et une liste des noms propres.

Ex. 39. Faites une liste des principales contrées de l'Europe.

Ex. 40. Faites une liste des capitales de l'Europe.

---

1. **Péninsule**, ou presqu'île, est une terre presque entièrement entourée par les eaux de la mer.

2. **Bourgogne**, ancienne province de France, cap. Dijon.

3. **Provence**, ancienne province de France, cap. Aix.

4. **La Loire**, fleuve de France, se jette dans l'Atlantique.

5. **La Seine**, fleuve de France, se jette dans la Manche.

6. **Bordeaux**, chef-lieu du département de la Gironde.

7. **Lozère**, petite chaîne de montagnes faisant partie des Cévennes, a donné son nom à un département.

8. **Alpes**, chaînes de montagnes qui séparent la France de l'Italie.

9. **Rhône**, fleuve de France, se jette dans la Méditerranée.

10. **Marseille**, chef-lieu du département des Bouches-du-Rhône, port sur la Méditerranée.

11. **Picardie**, ancienne province de France, avait pour capitale Amiens.

12. **Lorraine**, ancienne province de France, avait pour capitale Nancy.

13. **Cévennes**, chaîne de montagnes du sud-est de la France.

14. **Garonne**, fleuve de France, descend de la Maladetta, pic des Pyrénées; après avoir reçu la Dordogne, ce fleuve prend le nom de Gironde.

15. **Caucase**, chaîne de montagnes, sépare l'Europe de l'Asie.

Composition. — Choisissez un mot dans la colonne A et un mot dans la colonne B, et composez des phrases sur ce modèle : *Normandie* est un nom propre *de province. Marseille* est un nom propre de *ville*, etc.

	A	B

A

B

Ex. 41. La Bourgogne. — Marseille. — La Loire. — La Lozère. — Henri. — Cheval. — Livre. — Marie.

Ex. 42. Le Jura. — Charles. — La Seine. — Bergère. — Lyon. — Chien. — Amélie.

Ex. 43. Laitière. — Les Alpes. — Brebis. — Médor. — Auguste. — Taureau. — Rouen.

Homme.
Femme.
Province.
Ville.
Fleuve.
Montagne
Animal.
Chose.

Choisissez un mot dans chaque colonne, et formez des phrases sur le modèle suivant : Les habitants de la France se nomment les Français.

Ex. 44. La France. — La Belgique. — L'Angleterre. — La Turquie. — La Provence. — L'Espagne. — Le Portugal.

Les Français. — Les Turcs. — Les Belges. — Les Espagnols — Les Anglais. — Les Portugais. — Les Provençaux.

Ex. 45. Lyon. — Paris. — Lille. — Le Danemark. — Marseille. — L'Autriche. — L'Italie.

Les Danois. — Les Italiens. — Les Lyonnais. — Les Parisiens. — Les Marseillais. — Les Lillois. — Les Autrichiens.

Ex. 46. La Gironde. — La Gascogne. — Nantes. — L'Alsace. — Bordeaux. — L'Allemagne. — La Suède.

Les Suédois. — Les Alsaciens. — Les Nantais. — Les Girondins. — Les Gascons. — Les Bordelais. — Les Allemands.

L'élève copiera les cinq exercices suivants ; il soulignera d'un trait les noms communs et de deux traits les noms propres.

Ex. 47. La France portait autrefois le nom de Gaule. Cette contrée a pour capitale Paris, qui s'appela d'abord Lutèce, c'est-à-dire la demeure au milieu de l'eau, parce que cette ville était alors resserrée dans l'île de la Cité. Aussi l'image de Paris est-elle un vaisseau qui flotte sur une mer agitée.

Ex. 48. Aujourd'hui Paris s'étend au loin sur les deux rives de la Seine, et la splendeur de ses monuments excite l'admiration des étrangers. Le plus ancien de ses palais est le palais des Thermes[1], que l'empereur romain Constance fit construire dans le troisième siècle qui suivit la naissance du Christ.

---

1. **Thermes** : c'est le nom que es Romains donnaient à leurs établissements de bains *chauds*.

Ex. 49. Le Palais-de-Justice, appelé aussi palais de la Cité, a été la résidence des premiers rois de France. Sur la rive droite du fleuve, s'élève le magnifique palais du Louvre[1], qui n'était d'abord qu'un rendez-vous de chasse. François Ier abattit ce château, et en commença la reconstruction.

Ex. 50. Le Palais des Tuileries fut commencé en 1564 par la reine Catherine de Médicis, sur un terrain occupé par des fabriques de tuiles. L'architecte[2] Philibert Delorme traça le plan du pavillon central[3], et les rois Henri IV, Louis XIII et Louis XIV y ajoutèrent les ailes[4].

Ex. 51. L'Hôtel-de-Ville a été achevé par le roi Henri IV. La reine Marie de Médicis éleva le palais du Luxembourg. Louis XIV construisit l'hôtel des Invalides[5]. Le palais de l'Elysée fut élevé en 1728 pour le comte d'Evreux. Le palais du Corps législatif fut commencé en 1722 et terminé en 1832.

Invention. — Choisissez un mot dans la colonne A et un mot dans la colonne B, et formez des phrases sur ce modèle : *Le soleil est un astre.*

<table>
<tr><th>A</th><th>B</th></tr>
</table>

Ex. 52. Soleil. — Terre. — Tulipe. — Charpentier. — Lion. — Chêne.   Astre. — Fleur. — Artisan. — Planète. — Arbre. — Animal.

Formez des phrases semblables à l'aide des mots suivants. Modèle : *L'œillet est une fleur.*

Ex. 53. L'œillet. — Le chien. — Le peuplier. — L'étoile. — Le menuisier. — La lune.

Choisissez un mot dans chaque colonne, et formez des phrases sur ce modèle : *La pomme est un fruit.*

Ex. 54. Pomme. — Roseau. — Mauve. — Rose. — Bêche. — Haie.   Fruit. — Plante. — Outil. — Arbuste. — Clôture. — Fleur.

Formez des phrases semblables à l'aide des mots suivants. Modèle : *La pêche est un fruit.*

Ex. 55. La pêche. — Le groseillier. — La tulipe. — La palissade. — Le râteau. — Le persil.

QUESTIONNAIRE.

Combien y a-t-il d'espèces de mots en français?

Qu'est-ce que les mots variables? Nommez-les.

Qu'est-ce que les mots invariables? Nommez-les.

Qu'est-ce que le *nom?*

Combien y a-t-il de *sortes* de noms?

Qu'est-ce que le nom *commun?*

Qu'est-ce que le nom *propre?*

Pourquoi *Adam, Eve,* les *Romains* sont-ils des noms propres?

Quelle doit être la première lettre d'un nom propre?

---

1. **Louvre,** magnifique palais dont l'origine remonte au xiiie siècle et qui fut terminé en 1855.

2. **Architecte,** celui qui dresse les plans d'un bâtiment.

3. **Pavillon central,** c'est-à-dire le corps de bâtiment principal, qui occupe le centre d'un édifice.

4. **Ailes.** Au corps principal du bâtiment se rattachent les *ailes* ou parties qui occupent les côtés de l'édifice.

5. **Invalides** ; l'hôtel des Invalides est l'hospice consacré aux soldats que leurs blessures ont rendus incapables de porter les armes.

§ 41. Il faut considérer, dans les noms, le *genre* et le *nombre*.

GENRE.

§ 42. Le *genre* est la propriété qu'a le nom de désigner le sexe.

§ 43. Il y a, en français, deux genres : le *masculin* et le *féminin*.

§ 44. Les noms d'*hommes* ou d'*animaux mâles* sont du genre *masculin*.

Ex. : un *père*, un *fils*, un *lion*, un *cheval*.

§ 45. Les noms de *femmes* ou d'*animaux femelles* sont du genre *féminin*.

Ex. : une *mère*, une *fille*, une *lionne*, une *jument*.

§ 46. L'usage a ensuite donné aux choses le genre masculin ou le genre féminin.

Ex. : *un livre, une table, le soleil, la lune.*

§ 47. On reconnaît qu'un nom est du genre masculin quand on peut mettre *un* ou *le* devant ce nom.

Ex. : *le* chat, *un* chêne, *le* papier.

§ 48. On reconnaît qu'un nom est du genre féminin quand on peut mettre *une* ou *la* devant ce nom.

Ex. : *la* lionne, *une* feuille, *une* plume.

Faites une liste des noms masculins et une liste des noms féminins contenus dans chaque colonne.

Ex. **56.**	Ex. **57.**	Ex. **58.**	Ex. **59.**
Homme	Garçon	Chien	Chèvre
Femme	Fille	Chienne	Bouc
Père	Voisin	Bœuf	Serpent
Mère	Voisine	Vache	Vipère
Frère	Jardin	Louve	Soleil
Sœur	Maison	Loup	Lune
Oncle	Palais	Tigresse	Eclipse
Tante	Ecole	Tigre	Astre
Parrain	Mâle	Coq	Firmament [1]
Marraine	Femelle	Poule	Etoile
Cousine	Lionne	Chat	Planète [2]
Cousin	Lion	Chatte	Nuit

1. **Firmament**, la voûte bleue apparente qui s'élève au-dessus de la terre, et que les anciens croyaient *ferme, solide.* Cette voûte est tout simplement produite par la coloration de l'air.

2. **Planète**, astre qui tourne autour d'un astre plus volumineux que lui.

Ex. 60. Mettez *un* devant les noms masculins, et *une* devant les féminins.

Pays	Fleuve	Forêt	Fermier	Lion
Province	Rivière	Bocage	Laitière	Jument
Ville	Montagne	Champ	Bergère	Cheval
Temple	Ruisseau	Prairie	Jardinier	Anesse

Ex. 61. Mettez *le* devant les noms masculins, et *la* devant les féminins.

Maison	Règle	Couteau	Casquette	Rabot
Toit	Papier	Nappe	Veste	Scie
Cabinet	Plume	Serviette	Chapeau	Lime
Chambre	Cahier	Plat	Pantalon	Marteau

LE BOUT DU MONDE.

Copiez les noms contenus dans l'exercice suivant, et faites une liste des noms masculins et une liste des noms féminins.

Ex. **62.** L'ENFANT : — Père, apprenez-moi, je vous prie,
Ce qu'on trouve après le coteau [1]
Qui borne à mes yeux la prairie.

LE PÈRE : — On trouve un espace nouveau ;
Comme ici, des bois, des campagnes,
Des hameaux, enfin des montagnes.

L'ENFANT : — Et plus loin ?

LE PÈRE : —   D'autres monts encor.

L'ENFANT : — Après ces monts ?

LE PÈRE : —   La mer immense.

L'ENFANT : — Après la mer ?

LE PÈRE : —   Un autre bord.

L'ENFANT : — Et puis ?

LE PÈRE : —   On s'avance, on s'avance,
Et l'on va si loin, mon petit,
Si loin, toujours faisant sa ronde [2],
Qu'on trouve enfin le bout du monde
Au même lieu d'où l'on partit [3].

QUESTIONNAIRE.

Que faut-il considérer dans les noms ?
Qu'est-ce que le *genre* ?
Combien y a-t-il de genres en français ?
Quels sont les noms qui sont du genre masculin ?
Quels sont les noms qui sont du genre féminin ?
Qu'est-ce qui a déterminé le genre des choses ?
Comment reconnait-on qu'un nom est masculin ?
Comment reconnait-on qu'un nom est féminin ?

---

4. **Coteau**, se dit d'une petite colline ou du penchant d'une colline.

5. **Ronde**, c.-à-d., en tournant.

3. C'est ce que l'on appelle faire le *tour du monde*. La terre étant ronde, on revient naturellement au point de départ.

Distinction du genre.

§ 49. La distinction du genre, pour les êtres animés, se fait, en français, de trois manières :

I. Par l'emploi de mots différents au masculin et au féminin.

	Masculin.	féminin.
Ex. :	Homme,	*femme.*
	Bélier,	*brebis.*
	Bouc,	*chèvre.*

II. Par l'addition d'un *e* muet au masculin.

	Masculin.	féminin.
Ex. :	Cousin, ours,	*cousine, ourse.* Etc.

Quelquefois on double la consonne finale avant d'ajouter l'*e* muet.

	Masculin.	féminin.
Ex. :	Paysan, chien,	*paysanne, chienne.*
	Lion, chat,	*lionne, chatte.* Etc.

III. Par diverses terminaisons.

	Masculin.	féminin.
Ex. :	Danseur, acteur,	*danseuse, actrice.*
	Gouverneur, tourtereau,	*gouvernante, tourterelle.*
	Héros, tigre,	*héroïne, tigresse.* Etc.

§ 50. Quelques noms ont la même forme pour le masculin et le féminin.

Ex. : Auteur, poëte, graveur, philosophe.

Si l'on veut désigner le féminin, on place devant ces noms le mot *femme.*

Ex. : Une *femme poëte.* Une *femme auteur.*

§ 51. Un même mot sert aussi à désigner les deux genres de certains noms d'animaux.

On emploie tantôt le masculin.

Ex. : *Le rossignol. L'éléphant. Le perroquet. Le pigeon.*

Tantôt le féminin.

Ex. : *La fauvette. La bécasse. La tortue. La girafe.*

§ 52. Si l'on veut préciser, on est obligé d'ajouter les mots *mâle* ou *femelle.*

Ex. : *L'éléphant mâle, l'éléphant femelle.*

Ex. 63. Formez le féminin des noms suivants, en y ajoutant un *e* muet.
Modèle : *Le cousin, la cousine.*

Le cousin	Le Flamand	Le débitant	Le président
Le serin	Le Normand	Le débutant	Le marchand
L'orphelin	Louis	L'intendant	Le villageois
Le voisin	Le rival	L'ours	Le bourgeois

Ex. 64. Formez le féminin des noms suivants, en changeant *er* en *ère.*
Modèle : *Le boulanger, la boulangère.*

Le boulanger	Le pâtissier	Le cabaretier	Le meunier
Le berger	Le chapelier	Le cordonnier	Le chiffonnier
Le messager	L'écolier	Le cuisinier	Le prisonnier
L'épicier	Le fermier	Le jardinier	Le bijoutier

Ex. 65. Formez le féminin des noms suivants, en changeant l'*e* final en *esse.*
Modèle : Le prince, la princ*esse.*

Le prince	Le prêtre	Le tigre	Le pauvre
Le comte [1]	Le prophète [3]	L'âne	Le diable
L'hôte [2]	Le vicomte	Le maître	Le nègre.

Ex. 66. Formez, par l'addition des mots *mâle* et *femelle*, le masculin et le féminin des noms suivants. Modèle : *L'éléphant mâle, l'éléphant femelle.*

L'éléphant	La fauvette	Le crocodile	L'hirondelle
Le perroquet	La tortue	Le cygne	La souris
Le pigeon	Le pinson	L'oie	Le rat

Choisissez, dans la colonne de droite, les mots nécessaires pour compléter les phrases suivantes :

Ex. 67. Jeanne d'Arc était une — chrétienne. — Le tourtereau est le petit de la —. Une petite fille doit respecter sa —. L'épouse d'un duc se nomme une —. Le bélier a des cornes pour protéger la —. Quand des enfants sont orphelins, on les confie à leur oncle ou à leur —.

Gouvernante.
Tourterelle.
Héroïne.
Brebis.
Tante.
Duchesse.

QUESTIONNAIRE.

Combien y a-t-il de manières de distinguer le genre des êtres animés ?
Quelle est la première manière ?
Quelle est la seconde ?
Quelle est la troisième ?

Un même mot ne sert-il pas quelquefois pour le masculin et le féminin ?
Donnez des exemples pour les personnes et les animaux ?
Que fait-on si l'on veut préciser ?

---

1. **Comte,** titre de noblesse. Les comtes étaient des seigneurs attachés à la cour du roi.

2. **Hôte,** se dit également de celui qui donne l'hospitalité et de celui qui la reçoit.

3. **Prophète,** homme qui prédit l'avenir par inspiration divine. Féminin : prophétesse.

NOMBRE.

§ 53. Le *nombre* est la propriété qu'a le nom de désigner *l'unité* ou la *pluralité*.

§ 54. Il y a, en français, deux nombres : le *singulier* et le *pluriel*.

§ 55. Le singulier désigne *une seule personne* ou *une seule* chose.

Ex : *un homme, le livre*.

§ 56. Le pluriel désigne *plusieurs* personnes ou *plusieurs* choses.

Ex. : *les hommes, des livres*.

Formation du pluriel dans les noms.

Le livre, les livres.

§ 57. Règle générale. — On forme le pluriel dans les noms *en ajoutant* **s** *au singulier*.

Ex. : un père, des *pères ;* une sœur, des *sœurs ;* le livre, les *livres ;* la table, les *tables*.

Ex. 68. Écrivez les noms suivants au pluriel. **Modèle :** Une porte, des portes.

Une porte, des...	Le carton, les...	Un banc, des...
Une classe, des...	La règle, les...	Le pupitre, les...
La fenêtre, les...	Un crayon, des...	L'encrier, les...
Une table, des...	La plume, les...	Un devoir, des...
Un banc, des...	Le cahier, les...	Une palette, des...

Ex. 69. Mettez les noms au singulier. **Modèle :** *Les bêtes, la bête*.

Les bêtes, la...	Les vaches, la...	Les rats, le...
Les bœufs, le...	Des lions, un...	Des pies, une...
Des ânes, un...	Des sangliers, un...	Les dindons, le...
Des tigres, un...	Des oies, une...	Des moutons, un...
Les chiens, le...	Les canards, le...	Des mouches, une...

Ex. 70. Mettez les noms suivants au pluriel. Modèle : Un nid, des *nids*.

Un nid.	Le drap.	Le mur.
L'enfant.	Le rosier.	Le bâton.
Le chemin.	La fleur.	Le champ.
Une cave.	Le peuplier.	La prairie.
La voiture.	La noisette.	L'arbre.

UTILITÉ DES FORÊTS.

Copiez les exercices suivants, en tirant un trait sous les noms singuliers, et deux traits sous les noms pluriels.

Ex. **71.** Le mélèze, l'orme, le charme, le noyer, le merisier, le tilleul, le frêne, l'aulne, le peuplier, le saule, et, parmi les arbres d'origine étrangère, l'acacia, ajoutent à la variété[1] de nos forêts. Il est impossible d'énumérer[2] les profits de tout genre qu'on en retire. Ici, les feuilles vertes servent à la nourriture des bœufs et des moutons ; là, les feuilles sèches sont recueillies avec soin, pour l'amendement[3] de la terre.

Ex. 72. Le fruit du merisier donne le kirsch; la fleur du tilleul est recherchée en médecine. Parmi les arbustes, le genévrier produit une liqueur; le fusain[4] sert dans les arts; les plus flexibles sont employés par la vannerie; le plus modeste de tous, la bourdaine, sert à la fabrication d'une matière qui a aujourd'hui beaucoup trop de débit, la poudre à canon.

Modèle d'analyse du nom.

Père, nom commun masculin singulier.
Mère, nom commun féminin singulier.
Frères, nom commun masculin pluriel.
Sœurs, nom commun féminin pluriel.
Alexandre, nom propre masculin singulier.
Cornélie, nom propre féminin singulier.

Analysez de même les noms contenus dans les exercices suivants :

LES VIOLETTES.

Ex. 73. Un jeune enfant croyait qu'il n'y avait que des violettes bleues. Un jour, il en trouva dans le jardin quelques-unes qui étaient blanches comme la neige, et d'autres qui, brillant aux rayons du soleil, étaient rouges comme la lumière de cet astre.

Ex. 74. Il en cueillit une de chaque couleur, et les porta plein de joie à sa mère. Celle-ci lui dit: « Ces trois sortes de violettes ne sont pas si rares que tu le penses ; cependant, ta découverte te sera profitable, si tu n'oublies pas de quelles vertus ces fleurs sont les emblèmes[5].

Ex. 75. La violette dont la couleur est d'un bleu tout simple, est une image de la modestie et de l'humilité ; quant à la violette blanche, qu'elle soit pour toi le symbole de l'innocence et de la douceur; enfin, la rouge te dit: Aie toujours dans le cœur un ardent amour pour la vérité et la vertu.

QUESTIONNAIRE.

Qu'est-ce que le nombre?	Que désigne le pluriel?
Combien y a-t-il de nombres?	Comment forme-t-on généralement
Que désigne le singulier?	le pluriel des noms ?

---

1. C.-à-d., diversifient l'aspect du feuillage.
2. **Énumérer**, c'est *compter*.
3. **Amendement**, engrais qui améliore la nature de la terre.

4. Arbrisseau dont on fait des haies. Se dit aussi du charbon fabriqué avec ses branches et servant à esquisser.
5. **Emblème**, symbole qui représente une chose.

Exceptions à la règle générale de la formation du pluriel.

Un fils, des fils ; un nez, des nez ; une noix, des noix.

§ 58. PREMIÈRE EXCEPTION. — Quand un nom est terminé au singulier par **s, x, z,** on n'ajoute rien pour former le pluriel.

Ex. : un *fils,* des *fils ;* un *nez,* des *nez ;* une *noix,* des *noix.*

Un vaisseau, des vaisseaux ; un feu, des feux.

§ 59. 2ᵐᵉ EXCEPTION. — Les noms terminés au singulier par *au* ou par *eu* prennent un **x** au pluriel.

Ex. : *un vaisseau, des vaisseau**x** ; un feu, des feu**x**.*

Ecrivez au singulier et au pluriel les noms contenus dans chaque colonne.

Modèle : le nez ; les nez...

Ex. **76.**	Ex. **77.**	Ex. **78.**
Le corps	Une croix	Le repas
Le nez	Une fois	Le crucifix
Le bras	Un bois	Le radis
La voix	Une brebis	Le prix
Le fils	Un tamis	Le débris
La perdrix	Un abcès	Le puits
Le tapis	Un poids	Le choix
La souris	Le français	La noix
Le pays	Le villageois	Le cadenas
La poix	Le bourgeois	Le pois

Invention. — Choisissez dans l'exercice 76, les mots nécessaires pour compléter les phrases suivantes :

Ex. **79.** L'homme est composé d'une âme et d'un —. Les prairies sont semblables à des — verts. Les cordonniers enduisent leur fil de —. Le Rhône a un — très-rapide. Un bon soldat combat vaillamment pour son —. Caïn était le — aîné d'Adam. Pendant l'hiver le rossignol est sans—. L'organe de l'odorat est le—. Un détroit est un — de mer. Le perdreau est le petit de la —.

Choisissez dans la colonne de droite un mot convenable, et formez des phrases sur le modèle suivant : *La rose est une fleur.*

Ex. **80.** Rose. — Prix. —⎰ Fleur. — Légume. — Malheur. Croquis. — Revers. — Pois.⎱Récompense. — Dessin. — Re—Remords. — Rébus. ⎰proche. — Enigme.

Ex. **81.** Grès. — Buis. —⎰ Poisson. — Fruit. — Panier. — Cabas. — Galetas. — Riz. —⎱Arbuste. — Mansarde. — Plante. Noix. — Anchois. ⎰— Pierre.

Ex. 82. Mettez les mêmes phrases au pluriel.

Mettez au pluriel les noms contenus dans chacune des colonnes suivantes.
Modèles : un vaisseau, des vaisseaux ; un cheveu, des cheveux.

Ex. **83.**	Ex. **84.**	Ex. **85.**	Ex. **86.**
Un troupeau	Le neveu	Un lapereau	L'eau
Un agneau	Le feu	Un château	L'escabeau[2]
Un taureau	L'aveu	Un pinceau	Le tuyau
Un couteau	Le moyeu[1]	Un noyau	Le seau
Un chameau	Le cheveu	Un bateau	L'adieu
Un lionceau	L'épieu	Un chevreau	Le ciseau
Un anneau	Le jeu	Un étau	Le gruau[3]
Un oiseau	Le lieu	Un tombeau	Le passereau
Un moineau	Le cadeau	Un corbeau	Le sarrau
Un perdreau	Le lambeau	Un gluau	Le tombereau

Invention. — Choisissez, dans l'exercice 83, les mots nécessaires pour compléter les phrases suivantes :

Ex. 87. Les bergers sont les gardiens des —. La lionne défend avec rage ses —. L'Arabe, avec ses —, traverse rapidement les déserts. Les enfants ne doivent pas jouer avec des —. Les moineaux sont des — importuns[4] et gourmands. — Les petits de la perdrix se nomment des —. Une chaîne se compose d' — entrelacés. La couleur rouge effarouche les —. Les brebis sont les mères des —. Les — s'appellent aussi des pierrots.

Choisissez un mot dans la colonne A et un mot dans la colonne B, et formez des phrases sur ce modèle : *Le poisson est dans l'eau.*

	A	B
Ex. 88.	Poisson. — Dieu. — Chêne. — Oiseau. — Bœuf. — Livre. — Serrurier.	Eau. — Nid. — Bibliothèque. — Ciel. — Forêt. — Etable. — Forge.
Ex. 89.	Pommier. — Cheval. — Chevreuil[5]. — Palais. — Lapin. — Abeille. — Lit.	Bois. — Ville. — Ruche. — Jardin. — Ecurie. — Terrier[6]. — Dortoir.
Ex. 90.	Autel. — Poule. — Foin. — Argent. — Canard. — Chien.	Grenier. — Bourse. — Eglise. — Basse-Cour. — Niche. — Etang.

---

1. **Moyeu**, milieu de la roue d'une voiture.
2. **Escabeau**, siége de bois.
3. **Gruau**, grain mondé ; la plus fine fleur de la farine.
4. **Importun**, ennuyeux, incommode.
5. **Chevreuil**, bête fauve, plus petite que le cerf.
6. **Terrier**, trou de lapin.

Un bijou, des bijoux ; un caillou, des cailloux.

§ 60. 3ᵐᵉ Exception. — La plupart des noms en *ou* suivent la règle générale et prennent *s* au pluriel ; il faut en excepter les sept noms suivants, qui prennent *x* au pluriel : *bijoux, cailloux, choux, genoux, hiboux, joujoux, poux.*

Un mal, des maux ; un cheval, des chevaux.

§ 61. 4ᵐᵉ Exception. — Onze noms en *al* suivent la règle générale et prennent un *s* au pluriel[1] ; mais tous les autres noms terminés au singulier par *al*, changent *al* en *aux*.

Ex. : un mal, des *maux ;* un cheval, des *chevaux.*

Un bail, des baux ; un corail, des coraux.

§ 62. 5ᵐᵉ Exception. — La plupart des noms terminés en *ail* forment leur pluriel par l'addition d'un *s*. Il faut en excepter les sept noms : bail, corail, émail, soupirail, travail, vantail, vitrail (peu usité), qui font au pluriel *baux, coraux, émaux, soupiraux, travaux, vantaux, vitraux.*

Bétail n'a pas de pluriel : on se sert du mot *bestiaux.*

Ecrivez au singulier et au pluriel les noms contenus dans chaque colonne.
Exemple : le chou, les choux ; un sou des sous.

Ex. 91.   **Ex. 92.**

Le clou	Un fou	Le hibou	Un matou[3]
Le bijou	Un genou	L'écrou[2]	Un cou
Le sou	Un licou	Le joujou	Un glouglou
Le chou	Un caillou	Le coucou	Un filou
Le trou	Un verrou	L'acajou	Un pou

Invention. — Choisissez, dans l'exercice 91, les mots nécessaires pour compléter les phrases suivantes :

Ex. 93. C'est avec un marteau qu'on enfonce les —. Les hommes sérieux ne portent pas de —. Dix centimes font deux —. Les — sont indigestes. — Les taupes recouvrent leurs — de petits monticules. — Les — ne savent pas ce qu'ils font. Priez Dieu à deux —. Les — servent à attacher les bestiaux. Les — remplacent les serrures. Les — blessent la plante des pieds.

---

1. Ces mots sont *aval, bal, cal, cantal, carnaval, chacal, narval, napal, pal, régal, serval.*

2. **Ecrou,** trou percé en spirale par lequel passe une vis.

3. **Matou,** gros chat.

Choisissez, dans l'ex. 92, les mots nécessaires pour compléter les phrases suivantes :

Ex. 94. Certains oiseaux nocturnes [1], comme les —, sont fort utiles aux cultivateurs. Donnez aux enfants des — qui les instruisent. Les — sont des arbres dont on fait de beaux meubles. On appelle — les trous dans lesquels entrent les vis. Les — sont les oiseaux qui tirent leur nom de leur chant monotone [2]. — La police recherche les —. Les souris craignent les —. La bouteille fait entendre des — quand on la vide.

Choisissez un mot dans les colonnes A et B, et formez des phrases sur le modèle suivant : *Le cheval est un animal.*

A	B
Ex. 95. Chacal [3]. — Régal. — Hôpital. — Cardinal. — Carnaval. — Cristal. — Plante. — Arsenal.	Animal. — Prélat. — Pierre. — Festin. — Végétal. — Asile. — Fête. — Magasin.
Ex. 96. Tribunal. — Fanal [4]. — Total. — Journal. — Général. — Canal. — Maréchal.	Siége. — Somme. — Officier supérieur. — Gazette. — Conduit. — Lanterne. — Artisan.

Ex. 97. Mettez les mêmes phrases au pluriel.

Choisissez un mot dans chaque colonne, et formez des phrases sur le modèle suivant : *Le corail est une pierre.*

Ex. 98. Bail. — Corail. — Loup-garou. — Camail. — Mail. — Attirail.	Vêtement. — Pierre. — Contrat. — Maillet. — Bagage. — Epouvantail.
Ex. 99. Soupirail. — Bercail. — Email. — Portail. — Eventail. — Vantail.	Bergerie. — Ouverture. — Battant. — Grande porte. — Vernis. — Objet de toilette.

Ex. 100. Mettez les mêmes phrases au pluriel.

QUESTIONNAIRE.

Comment forme-t-on le pluriel des noms terminés par *s*, *x*, *z* ?
Comment forme-t-on le pluriel des noms en *au* ou en *eu* ?
Comment forme-t-on le pluriel des noms en *ou* ?
Comment forme-t-on le pluriel des noms en *al* ?
Comment forme-t-on le pluriel des noms en *ail* ?

---

1. **Oiseau nocturne**, *c.-à-d.* qui ne sort de son nid que pendant la nuit.
2. **Monotone**, qui présente la répétition continue du même son.
3. **Chacal**, animal carnassier, assez semblable au chien et au renard.
4. **Fanal**, grosse lanterne, signal maritime.

Noms qui ont deux formes au pluriel.

Aïeul, ail, ciel, œil, travail.

§ 63. — Aïeul fait au pluriel *aïeux,* quand il désigne les ancêtres.

Ex. : Il est digne de ses *aïeux.*

Aïeul fait *aïeuls,* quand il désigne le grand-père paternel et le grand-père maternel.

Ex. : Ses deux *aïeuls* ont assisté à son mariage.

§ 64. — Ail, considéré comme légume, fait au pluriel *aulx :* des *aulx* sauvages (Acad.).

En terme de botanique, il fait *ails :* Il cultive des *ails* de plusieurs espèces (Acad.).

§ 65. — Ciel, dans le sens propre, fait *cieux* au pluriel : les *cieux* sont brillants.

En peinture et au figuré, il fait *ciels :* des *ciels* de tableau, des *ciels* de lit, des *ciels* de carrière.

Dans le sens de température, de climat, il fait *ciels* et *cieux* : l'Italie est située sous un des plus beaux *ciels* ou *cieux* de l'Europe.

§ 66. — Œil fait *yeux* au pluriel, non-seulement au propre, pour désigner l'organe de la vue, mais encore au figuré, toutes les fois qu'il ne donne lieu à aucune équivoque : des *yeux* bleus ; les *yeux* du fromage, du pain, du bouillon.

Il fait *œils,* en terme d'art, de botanique, de minéralogie : des *œils-de-bœuf* (lucarne), des *œils-de-chèvre* (plante), des *œils-de-serpent* (pierre précieuse) [1].

§ 67. — Travail fait *travaux,* dans le sens de labeur, fatigue : les *travaux* d'Hercule.

Il fait *travails :* 1° pour désigner les comptes présentés soit à un souverain par son ministre, soit à un supérieur par un commis : Le ministre a eu plusieurs *travails* cette semaine avec le roi (Acad.).

2° Pour désigner les machines de bois qui servent à contenir les chevaux fougueux qu'on veut ferrer ou panser.

---

1. On dit donc des *yeux* de serpent, pour désigner l'organe de la vue chez les serpents, et on dit des *œils-de-serpent,* pour désigner des pierres qui ressemblent aux *yeux* de ces reptiles. Ainsi, toute équivoque devient impossible.

Mettez au pluriel les noms entre parenthèses.

Ex. 101. Notre grand-père et notre grand'mère s'appellent nos (*aïeul*). — Les (*ciel*) sont ces espaces immenses dans lesquels les étoiles, les comètes[1] et les autres astres accomplissent leurs révolutions. — Les oignons et les (*ail*) entrent pour une grande part dans la nourriture des paysans provençaux[2]. — Le percement du détroit de Gibraltar[3] passait pour un des (*travail*) d'Hercule[4]. — Nous disons des personnes qui sont mortes, qu'elles sont allées rejoindre leurs (*aïeul*).

Ex. 102. Il est des chevaux qu'il faut absolument enfermer dans des (*travail*) quand on les panse. — Le génie ne se lègue point comme les richesses : aussi dit-on en parlant des grands hommes, qu'ils n'ont ni (*aïeul*) ni descendants. — Il est très-difficile de peindre des (*ciel*) vraiment ressemblants. — Les (*ciel*) de lit sont des espèces de dais sur lesquels les (*ciel*) sont représentés.

Ex. 103. Qui sert bien son pays n'a pas besoin (d'*aïeul*), c'est-à-dire peut se passer de parents illustres. —Vivons toujours comme si des hommes respectables avaient les (*œil*) sur nous. — Les (*ciel*) étonnent l'homme par leur immensité infinie. — Les (*œil*)-de-serpent sont des espèces de perles qui ressemblent aux (*œil*) véritables de ces reptiles. — On appelle (*ail*) des espèces d'oignons dont l'odeur est pénétrante[5]. — Les ministres présentaient chaque matin leurs (*travail*) à Louis XIV.

Ex. 104. Les merveilles que les (*ciel*) offrent à nos (*œil*) attestent la puissance du Créateur ; c'est pour cela qu'on dit : les (*ciel*) chantent la gloire de Dieu. — Les (*hibou*) et les (*oiseau*) nocturnes ont des (*œil*) qui voient dans les ténèbres. — Le fromage et le pain sont percés de petits (*trou*) qu'on appelle des (*œil*). — Tailler la vigne à trois (*œil*), c'est laisser à chaque branche trois bourgeons.

QUESTIONNAIRE.

Quel est le pluriel d'*aïeul*?	Quel est le pluriel d'*œil*?
Quel est le pluriel d'*ail*?	Quel est le pluriel de *travail*?
Quel est le pluriel de *ciel*?	Citez des exemples.

---

1. **Comète,** astre suivi d'une traînée lumineuse, qui ressemble à une longue crinière.

2. **Provençaux,** de la Provence, contrée du sud-est de la France.

3. **Gibraltar** (détroit de), sépare l'Espagne de l'Afrique.

4. **Hercule,** divinité de la fable, symbole de la force.

5. **Pénétrante,** forte.

Pluriel des noms composés.

§ 68. — On appelle *noms composés* des noms formés de plusieurs mots, et qui équivalent à un seul.

Les mots qui servent à former les noms composés sont : le *nom*, l'*adjectif*, le *verbe*, la *préposition*, l'*adverbe*.

§ 69. — RÈGLE UNIQUE. Des cinq mots qui servent à former les noms composés, le nom et l'adjectif sont les seuls qui puissent prendre la marque du pluriel ; les trois autres sont toujours invariables.

Le chef-lieu, les chefs-lieux.

§ 70. — Si le nom composé est formé de deux noms, ils prennent tous deux la marque du pluriel.

Ex. : Un chef-lieu, des *chefs-lieux*.

Mais si le nom composé est formé de deux noms unis par une préposition, exprimée ou sous-entendue, le premier nom seul prend le pluriel.

Ex. : Un chef-d'œuvre, des *chefs-d'œuvre*.
Un hôtel-Dieu, des *hôtels-Dieu* (de Dieu).

Une basse-cour, des basses-cours.

§ 71. — Si le nom composé est formé d'un nom et d'un adjectif, tous deux prennent la marque du pluriel.

Ex. : Une basse-cour, des *basses-cours*.

Un passe-port, des passe-ports.

§ 72. — Quand le nom composé est formé d'un nom et d'un verbe ou d'un mot invariable, le nom seul est susceptible de prendre la marque du pluriel.

Ex. : Un passe-port, des *passe-ports*.
Un contre-coup, des *contre-coups*.

Un in-douze, des in-douze.

§ 73. — Si le nom composé ne renferme que des mots invariables de leur nature, aucun de ces mots ne prend la marque du pluriel.

Ex. : Un in-douze, des *in-douze*.

Mettez au pluriel les phrases suivantes :

Ex. **105.** Le pigeon polonais est plus gros que le pigeon-paon. — Le chef-lieu est la ville principale du département. — Le chou-fleur est un légume très-léger et très-sain. — Le martin-pêcheur est un oiseau dont le plumage est très-vif. — Le chien-loup se jette sur son maître quand il tombe. — La pie-grièche est très-courageuse et attaque des oiseaux quatre fois plus gros qu'elle. — La gomme-gutte est une résine qui fournit une belle teinture jaune.

Ex. 106. Une porte-cochère s'appelle ainsi, parce qu'elle sert à laisser passer la voiture ou coche. — Le loup-garou est un animal imaginaire, dont les nourrices et les bonnes menacent sottement les petits enfants. — Le chat-huant donne la chasse à la souris et au rat. — Un appui-main[1] est nécessaire à l'élève qui dessine. — Le loup-cervier donne la chasse au cerf. — L'oiseau-mouche est le chef-d'œuvre de la nature.

Mettez au pluriel les mots entre parenthèses.

Ex. 107. Les (*garde-manger*) servent à préserver les (*aliment*) du contact des (*insecte*). — Faire le bien et se livrer à l'étude sont les (*passe-temps*) les plus doux. — Les (*becfigue*)[2] arrivent chez nous en avril. — Le soleil peint des (*arc-en-ciel*) dans les (*goutte*) de la rosée. — Les (*contre-coup*) de la foudre sont presque aussi dangereux que les (*coup*) eux-mêmes. — Les (*geôlier*) sont les (*porte-clef*) des (*prison*). — Les (*femme*) du midi serrent leurs (*cheveu*) dans des (*serre-tête*).

Ex. 108. Les rois de l'Orient se font escorter d'esclaves qui portent des (*chasse-mouche*). — Les (*Hôtel-Dieu*) sont des (*asile*)[3] ouverts à l'indigence. — Les (*malle-poste*) sont beaucoup moins nombreuses depuis l'établissement des (*chemin de fer*). — Les (*maître-d'hôtel*) sont obligés d'avoir une collection de (*tire-botte*), d'(*essuie-main*), de (*cure-dent*) et de (*porte-manteau*). — L'*orang-outang*[4] est extrêmement sauvage. — Le *poisson-volant* s'élance quelquefois hors de l'eau.

QUESTIONNAIRE.

Qu'appelle-t-on *noms composés?*

Quelle est la règle générale des noms composés?

Qu'arrive-t-il quand le nom composé est formé de deux noms?

Qu'arrive-t-il quand le nom composé est formé d'un nom et d'un adjectif?

Qu'arrive-t-il quand le nom composé est formé d'un nom et d'un verbe ou d'un mot invariable?

Qu'arrive-t-il quand le nom composé est formé de mots invariables?

---

1. **Appui-main**, c.-à-d., appui pour *la main* et non pour *les mains*; de même des *serre-tête*, c.-à-d., des bonnets qui serrent *la tête* et non *les têtes*; écrivez de même des *casse-cou*; des *coupe-gorge*; des *porte-dra-peau*; etc.

2. **Becfigue**, petit oiseau qui se nourrit ordinairement de figues.

3. **Asile**, refuge, retraite.

4. **Orang-outang**, grand singe.

COMPLÉMENT DU NOM.

§ 74. — Le nom qui en complète un autre est généralement lié à celui-ci par la préposition *de*.

Ex. : La maison *de Paul* est agréable.

De Paul, détermine et complète le sens du mot *maison*.

§ 75. — Le complément d'un nom peut être un infinitif pris substantivement.

Ex. : La façon *de donner* vaut mieux que ce qu'on donne.

§ 76. — Quelquefois le nom est suivi de la préposition qui régit le verbe d'où il dérive.

Ex. : *L'obéissance aux* lois est le devoir de tous.
Son *dévouement pour* moi est inaltérable.

Parce qu'on dit *obéir à, se dévouer pour*.

Choisissez un mot dans la colonne de droite, et complétez chacune des phrases suivantes. Modèle : *Le berger est le gardien* [de la brebis].

Ex. **109.** Le berger est le gardien —. Dieu est le créateur —. Le bœuf est l'aide —. Le raisin est le fruit —. Le soleil est le flambeau —. La lune est l'astre —. L'hirondelle est la messagère —.

Monde. Laboureur. — Vigne. — Troupeau. — Jour. — Printemps. — Nuit.

Ex. **110.** Paris est la capitale —. Le chien est l'ami —. Les oiseaux sont les musiciens —. Le bonheur est le fruit —. La rose est la reine —. L'hôpital est l'asile —. La religion est la consolatrice —.

Homme. — Vertu. — Forêt. — France. — Pauvre. — Jardin. — Pêcheur.

Complétez de même les phrases suivantes. Modèle : Dieu est le créateur *du monde.*

Ex. **111.** La fleur est l'ornement —. Le berger est le gardien —. La richesse est le fruit —. La cage est la prison —. Le loup est l'ennemi —. Le chêne est le plus gros arbre —. Le pinceau est l'instrument —. Le rabot est l'outil —.

Ex. **112.** Londres est la capitale —. La mouche se prend dans la toile —. La poire est le fruit —. Les baleines sont les plus gros habitants —. La haie est la clôture —. La feuille est la parure —. L'habit est l'ouvrage —.

INFLUENCE DU PLATRE SUR LA VÉGÉTATION.

Copiez les exercices suivants, en soulignant les compléments des noms.

Ex. 113. Il est certain que la plupart des découvertes résultent du hasard. Celle de l'action[1] du plâtre sur le développement des plantes n'a pas eu d'autre origne. Une foule d'agronomes[2] assurent qu'on la doit au pasteur Mayer, de Kupferzel en Argovie[3]. D'abord une infinité de personnes nièrent le progrès accompli : la grande majorité des cultivateurs se refusa même à tenter l'expérience, et il n'y eut que le petit nombre des agriculteurs vraiment éclairés qui se risqua à plâtrer la luzerne[4].

Ex. 114. Cependant une suite de succès non interrompus ouvrirent les yeux aux hommes sans préjugés[5]. De la Suisse[6], l'usage du plâtre pénétra bientôt dans un grand nombre de contrées. En Amérique, Franklin[7] se mit à la tête du petit nombre des promoteurs[8] de la nouvelle découverte, et quoique plus d'un incrédule se moquât de ses efforts, il n'en poursuivit pas moins l'accomplissement de la tâche[9] qu'il s'était imposée.

Ex. 115. L'illustre physicien[10] s'avisa d'écrire en gros caractères, au moyen de poussière de plâtre, ces simples mots : *ceci a été plâtré*, sur un champ de luzerne voisin d'une grande route. Dans la suite des points qui avaient été recouverts de la poudre, un grand nombre de tiges vigoureuses ne tardèrent pas à se développer, en sorte que la foule des passants se trouva pour ainsi dire forcée de lire l'ensemble des caractères tracés à la surface de la prairie par la main du philosophe[11] américain.

QUESTIONNAIRE.

Qu'est-ce que le complément du nom ? Comment joint-on le nom à son complément ? Un infinitif peut-il être complément d'un nom ? Un nom est-il toujours lié à un autre par la préposition *de* ? Citez des exemples.

---

1. Action, signifie ici influence.

2. Agronome, celui qui est versé dans la science de l'agriculture.

3. Argovie, canton de la Suisse.

4. Luzerne, plante fourragère.

5. Préjugé, opinion fausse, adoptée sans examen.

6. Suisse, contrée à l'est de la France.

7. Franklin, américain célèbre, signa la paix qui assura l'indépendance des Etats-Unis. On lui doit l'invention du paratonnerre (1706-1790).

8. Promoteur, celui qui prend le soin principal d'une affaire et qui se charge de la répandre.

9. Tâche, travail qu'il faut exécuter.

10. Physicien, celui qui étudie les phénomènes de la nature.

11. Philosophe, celui qui se livre à l'étude de la vérité et de la sagesse.

L'ARTICLE[1].

§ 77. — *L'article* se met devant les noms communs pour marquer qu'ils sont pris dans un sens *déterminé*.

Ainsi, quand je dis : « *le livre, la table*, » *le, la* indiquent que je veux parler de tel livre, de telle table bien connue.

§ 78. — Il n'y a, en français, qu'un article : c'est *le*, masculin singulier, qui fait *la* au féminin singulier, et *les* au pluriel des deux genres.

Ex. : *Le* père, *la* mère, *les* pères, *les* mères.

Remarques. — I. Quand le mot qui suit l'article commence par une voyelle ou un *h* muet, on retranche *e* dans *le*, *a* dans *la*, et on les remplace par une apostrophe ; cette suppression s'appelle *élision*.

Ex. : *L'*argent, pour *le* argent. — *L'* histoire, pour la *histoire*.

II. Devant un nom singulier commençant par une consonne ou un *h* aspiré, *de le*, *à le* se remplacent par un seul mot, et l'on dit : *du* pour *de le, au* pour *à le :* c'est ce qu'on appelle *contraction*.

Ex. : *Du* roi, pour *de le* roi. — *Au* héros, pour *à le* héros.

III. Devant tout nom au pluriel, *de les* se change en *des, a les,* se change en *aux*.

Ex. : *Des* livres, pour *de les* livres.

Aux maisons, pour *à les* maisons.

Les mots *au, aux, du, des,* sont des articles *contractés*.

Emploi de l'article.

§ 79. — Dans ces phrases : J'ai *des* plumes, je bois *de la* bière, je mange *des* fruits, on fait usage de l'article *des* (*de les*), *de la*. Mais si le nom est précédé d'un adjectif, on supprime généralement l'article, et l'on ne fait usage que de la préposition *de :* J'ai *de bonnes* plumes, je bois *d'excellente* bière, je mange *de bons* fruits.

---

1. Bien que *l'article* doive grammaticalement figurer en tête des adjectifs déterminatifs, nous le plaçons ici pour nous conformer à la classification adoptée par le programme officiel des *Écoles de la ville de Paris*.

Remplacez le trait — par l'article nécessaire.

Ex. 116. — France est bornée — nord par — Manche[1]. — Pas-de-Calais[2] et — Belgique[3] ; à — est, elle est bornée par —Allemagne, — Jura[4]. — Suisse et — Alpes, qui la séparent de — Italie. — sud, elle est bornée par — mer Méditerranée et — Pyrénées, qui la séparent de l'Espagne. A — ouest, elle est bornée par — Océan Atlantique.

Ex. 117. — Océan glacial — nord s'étend — nord de — Europe de — Asie[5] et de — Amérique. C'est une vaste surface toute de glace pendant — hiver, et où — terre et — eau, durcies par — frimas[6], se confondent[7] sous — neige et — milieu — brouillards ; ses côtes ne sont fréquentées que par — phoques[8], — pingouins[9] et — ours blancs.

Employez l'article s'il y a lieu à la place du tiret — .

Ex. 118. La Bourgogne fournit — bon vin, la Normandie produit — excellents fruits, la Provence nous envoie — oranges et — huile excellente. Les mauvais élèves se plaignent toujours d'avoir — mauvais papier et — plumes détestables. Nous avons tous — défauts nombreux, et nous commettons — nombreuses fautes. — La Flandre fabrique — excellente bière et produit — céréales de première qualité. Si nous méritons — punitions, subissons-les sans nous plaindre.

Modèle d'analyse de l'article.

Le ciel, *la* terre, *les* astres et *les* mers excitent l'admiration *des* hommes.

Le article simple, masculin singulier détermine *ciel*.
la article simple, féminin singulier détermine *terre*.
les article simple, masculin pluriel détermine *astres*.
les article simple, féminin pluriel, détermine *mers*.
des article contracté, mis pour *de les*, détermine *hommes*.

Ex. 119. Analysez de même les articles contenus dans les exercices 113, 114 et 115 (page 31).

QUESTIONNAIRE.

Qu'est-ce que l'article?
Combien y a-t-il d'articles en français?
Qu'appelez-vous élision?
Qu'appelez-vous contraction?

Quels sont les articles contractés?
Dans quel cas fait-on usage de l'article?
Dans quel cas le supprime-t-on?
Citez des exemples.

---

1. **Manche,** bras de mer qui sépare la France de l'Angleterre.

2. **Pas-de-Calais,** détroit qui sépare la France de l'Angleterre.

3. **Belgique,** contrée située au N. de la France.

4. **Jura,** montagne qui sépare la France de la Suisse.

5. **Asie,** une des cinq parties du monde, à l'est de l'Europe.

6. **Frimas,** effets du froid de l'hiver, comme la gelée, la neige.

7. **Se confondent,** se réunissent de telle sorte qu'on ne peut les distinguer.

8. **Phoque,** ou veau marin, animal amphibie.

9. **Pingouin,** oiseau de mer.

CHAPITRE II.

L'ADJECTIF.

§ 80. — L'*adjectif* est un mot qui sert à *qualifier* ou à *déterminer* les personnes et les choses.

§ 81. — De là, *deux classes* d'adjectifs :
Les adjectifs *qualificatifs* et les adjectifs *déterminatifs*.

Adjectifs qualificatifs.

§ 82. — Les adjectifs *qualificatifs* sont ceux qui servent à exprimer les *qualités* des personnes ou des choses.

Ex. : **bon** père, **beau** jardin, table **ronde.** Ces mots *bon, beau, ronde* sont des adjectifs.

§ 83. — On reconnaît qu'un mot est adjectif quand on peut y joindre le mot *personne* ou *chose*. Ainsi, *habile, agréable* sont des adjectifs, parce qu'on peut dire : *personne habile, chose agréable.*

Copiez les exercices suivants en tirant un trait sous les adjectifs.

Ex. 120.

L'âne patient.	La jolie souris.	Le malin singe.
La vilaine araignée.	L'affreux serpent.	Le doux pigeon.
La lente tortue.	La douce hirondelle.	Le mulet têtu [2].
Le rat rongeur.	Le loup cruel.	L'énorme éléphant.
Le fin renard.	La mouche importune.	La diligente [3] abeille.
Le fruit âcre [1].	Le ruban gris.	La campagne fertile.

Ex. 121.

Le cygne blanc.	Le petit lapin.	La mauvaise pensée.
L'oie grasse.	La belle maison.	Le caractère jaloux.
Le tigre cruel.	Le bon chrétien.	Le coq vigilant [5].
La légère gazelle [4].	La grande cour.	Le cheveu noir.
La pie bavarde.	L'enfant pieux.	Le maître savant.
Le chien fidèle.	La fable amusante.	L'élève docile [6].

---

1. **Âcre,** qui est piquant au goût.
2. **Têtu,** c'est-à-dire opiniâtre, obstiné, entêté.
3. **Diligente,** active et soigneuse.
4. **Gazelle,** quadrupède de l'Afri-que, très-léger et très-gracieux.
5. **Vigilant,** qui veille et nous éveille de bonne heure.
6. **Docile,** qui se laisse facilement diriger et instruire.

Ex. **122.** Des mots suivants, formez des adjectifs en changeant *er* en *able*.
Ecrivez : d'*aimer*, je forme *aimable*.

Aim *er*	Abord *er*	Mesur *er*	Accept *er*
Ador *er*	Désir *er*	Répar *er*	Excus *er*
Estim *er*	Vari *er*	Sépar *er*	Mépris *er*

Ex. **123.** Des mots suivants, formez des adjectifs en changeant *e* en *eux*.

Bourb *e*[2]	Marécag *e*	Envi *e*	Graiss *e*
Nombr *e*	Avantag *e*	Furi *e*	Huil *e*
Argil *e*	Neig *e*	Harmoni *e*	Moell *e*

Remplacez l'adjectif en italique par un adjectif de signification contraire.
Modèle : *Ce terrain est fertile*. Écrivez : *Ce terrain est stérile*.

Ex. **124.** Ce terrain est *fertile*. — Ce fleuve est *large*. — Ce peuple est *brave*. — Ce village est *riche*. — Ce chêne est *fort*. — Cet élève est *docile*.

Ex. **125.** Ce blé est *mûr*. — Ce pain est *tendre*. — Cette ferme est *propre*. — Ce corridor est *grand*. — Ce chat est *fidèle*. — Ce lion est *doux*. — Cet arbre est *vieux*.

Choisissez dans chaque colonne un nom et un adjectif convenables, et formez des phrases sur le modèle suivant : *Le soleil est brillant*.

Ex. **126.** Soleil. — Océan. — Conte. — Marais. — Cygne. — Ane. — Chien. { Brillant. — Bourbeux[1]. — Profond. — Gracieux. — Amusant. — Fidèle. — Patient.

Ex. **127.** Osier. — Loup. — Rocher. — Pinson. — Elève. — Palais. — Hiver. { Dur. — Gai. — Magnifique. — Féroce. — Studieux. — Froid. — Flexible[2].

Copiez les exercices suivants, et remplacez le trait — par un adjectif indiquant la couleur. Ecrivez : *Le citron est jaune.*

Ex. **128.** Le citron est —. Le lait est —. Le charbon est —. Le coquelicot est —. Le feuillage est —. Le bluet est —. Le plomb est —.

Ex. **129.** Le vin est —. Le corbeau est —. Le pré est —. L'argent est —. L'or est —. L'indigo est —. Le cygne est —.

Remplacez le trait suivant par un adjectif indiquant une qualité.
Ecrivez : *Le chien est fidèle.*

Ex. **130.** Le chien est —. L'écolier est —. L'instituteur est —. Le soldat est —. Le cultivateur est —. Le fer est —. Le pain est —.

Ex. **131.** Le juge est —. Le vieillard est —. L'âne est —. Le fruit est —. L'ouvrier est —. Le caissier est.

QUESTIONNAIRE.

Définissez l'adjectif? Combien y a-t-il de classes d'adjectifs?	Définissez les adjectifs qualificatifs? Comment reconnaît-on qu'un mot est adjectif?

1. **Bourbeux**, plein de vase. | 2. **Flexible**, qui plie aisément.

§ 84. — Les adjectifs ont, comme les noms, le *masculin* et le *féminin*, le *singulier* et le *pluriel*.

Comment on forme le féminin des adjectifs.

Grand travail. — grande récompense.

§ 85. RÈGLE GÉNÉRALE. — On forme le féminin des adjectifs en ajoutant un e muet au masculin.

Ex. : grand, *grande*; joli, *jolie*; saint, *sainte*; méchant, *méchante*.

Dans les quatre exercices suivants, remplacez les points par le féminin de l'adjectif.

Ex. 132. L'arbre *vert*, la feuille...
Un *grand* château, une... maison, une... avenue [1].
Du vin *chaud*, de l'eau...
Le *petit* garçon, la... fille.
Un cœur *pur* [2], une conscience...
Le souterrain *profond*, la caverne [3]...
Un coup *brutal* [4], une cruauté...
Le ruban *noir*, la robe...

Ex. 133. Un *grand* feu, une ... flamme.
Le caveau *obscur*, la cave...
Du coton *fin*, de la soie...
Le fil *bleu*, la laine...
Un cabinet *clair*, une salle...
Un bain *chaud* ..., une eau ...
Le vent *froid*, la pluie...
Un jeune homme *obligeant*, une demoiselle...
Un chapeau *bleu*, une robe...
Le chemin *étroit*, la rue ...

Ex. 134. Le *vilain* chien, la ... chienne.
Un chapeau *gris*, une robe...
Le bien *rural* [5], la propriété...
Un cœur *innocent*, une âme...
Le fleuve *profond*, la rivière...
Un chant *divin*, une musique...
Le marais *infect* [6], l'odeur...
Un mot *poli*, une parole...
Le soldat *français*, l'armée...
Le costume *élégant*, la toilette...

Ex. 135. Du drap *bleu*, de l'étoffe...
Un habit *noir*, une robe...
Le fruit *mûr*, la pomme...
Un ciel *pur* [7], une eau...
Un rameau *vert*, une branche...
Le bras *droit*, la main...
Le peuple *ami*, la nation...

---

1. **Avenue**, chemin large et planté d'arbres qui conduit à un château.
2. **Pur**, c.-à-d., qui n'est pas souillé par le péché.
3. **Caverne**, cavité naturelle dans un rocher; grotte, antre.
4. **Un coup brutal**, c'est-à-dire donné brutalement, avec férocité.
5. **Rural** signifie qui appartient aux champs, qui concerne les champs.
6. **Infect**, qui répand une mauvaise odeur.
7. **Pur**, a ici le sens de clair, net, sans nuages.

Ecrivez au féminin les adjectifs placés entre parenthèses.
Modèle : La terre est *ronde.*

Ex. 136. La terre est (*rond*). — L'Irlande est une île (*plat*) et peu (*fécond*). — Le Mont-Blanc [1] est la plus (*haut*) montagne de l'Europe. — L'Islande est une île très-(*froid*). — Lyon est la (*second*) ville de la France. — Paris est la ville la plus (*grand*) et la plus (*opulent*) de notre pays.—L'étoile est (*brillant*).

Ex. 137. L'eau des puits artésiens [2] est souvent très-(*chaud*). — Bruxelles est une (*joli*) ville. — Le lion a la figure (*imposant*) et la taille (*élégant*). — La mer Baltique [3] n'est pas (*profond*) et elle est très-(*étroit*) sur plusieurs points. — Bordeaux est une ville très-(*commerçant*). — La marche (*lent*) de la tortue est l'image d'une application (*persévérant*).

Ex. 138. Copiez l'exercice suivant en soulignant d'un trait les adjectifs féminins, et de deux traits les adjectifs masculins.

LES DEUX VOYAGEURS.

Le compère [4] Thomas et son ami Lubin
Allaient à pied tous deux à la ville prochaine.
    Thomas trouve sur son chemin
    Une bourse de louis pleine ;
Il l'empoche aussitôt. Lubin, d'un air content,
    Lui dit : « Pour nous la bonne aubaine !
    — Non, répond Thomas froidement ;
Pour nous n'est pas bien dit ; *pour moi*, c'est différent. »
Lubin ne souffle plus ; mais, en quittant la plaine,
Ils trouvent des voleurs cachés au bois voisin.
    Thomas tremblant, et non sans cause,
Dit : « Nous sommes perdus ! — Non, lui répond Lubin,
Nous n'est pas le vrai mot ; mais *toi* c'est autre chose. »
Cela dit, il s'échappe à travers le taillis
Immobile de peur Thomas est bientôt pris :
    Il tire la bourse et la donne.
Qui ne songe qu'à soi quand la fortune est bonne,
    Dans le malheur n'a point d'amis.   FLORIAN.

QUESTIONNAIRE.

Les adjectifs sont-ils susceptibles d'avoir, comme les noms, le masculin et le féminin, le singulier et le pluriel ?

Quelle est la règle générale du féminin dans les adjectifs ?
Citez des exemples.

---

1. **Mont-Blanc**, l'une des plus hautes montagnes de l'Europe, fait partie de la chaîne des Alpes.

2. **Artésiens**, c'est-à-dire qui est de l'Artois, ancienne province de France, où l'on a d'abord foré un grand nombre de puits.

3. **Baltique**, mer située entre la Suède, la Russie occidentale et la Prusse.

4. **Compère**, signifie ici rusé, finaud, malin.

Exceptions à la règle générale du féminin dans les adjectifs.

Le brave soldat. — La brave armée.

§ 86. 1re EXCEPTION. — 1° Quand un adjectif est déjà terminé par un *e* muet au masculin, il ne change pas au féminin.

Ex. : Le *brave* soldat; la *brave* armée.

Le cœur altier. — L'âme altière.

§ 87. 2me EXCEPTION. — 2° Quand les adjectifs sont terminés par un *r* au masculin, on met un accent grave sur l'*e* qui précède l'*r* avant d'ajouter l'*e* muet.

Ex. : Altier, *altière;* fier, *fière*.

Le couteau aigu. — L'épée aiguë.

§ 88. 3me EXCEPTION. — 3° Quand les adjectifs sont terminés par *gu* au masculin, on met un tréma sur l'*e* du féminin.

Ex. : Aigu, *aiguë;* ambigu, *ambiguë*.

Des mots suivants, formez des adjectifs masculins et féminins en able.
Écrivez : d'aim er, je forme aim able.

Ex. **139.**		Ex. **140.**		Ex. **141.**		Ex. **142.**	
Pénétr	er [1]	Habit	er	Effac	er	Accept	er
Excus	er	Dompt	er	Calcul	er	Surmont	er
Labour	er	Détest	er	Admir	er	Support	er
Aim	er	Blâm	er	Ador	er	Prend	re
Epouvant	er	Lou	er	Vénér	er	Damn	er
Estim	er	Regrett	er	Pay	er	Remorqu	er [3]
Redout	er [2]	Désir	er	Concev	oir	Servi	r
Mani	er	Irrit	er	Honor	er	Présent	er
Respect	er	Considér	er	Navigu	er	Tolér	er [4]
Recommand	er	Mépris	er	Recev	oir	Redev	oir

---

1. **Pénétrer**, entrer dans, et aussi « comprendre. » Ex. : Pénétrer le sens d'une chose.

2. **Redouter**, craindre.

3. **Remorquer**, traîner derrière soi.

4. **Tolérer**, supporter.

Choisissez, dans l'ex. 139, les adjectifs nécessaires pour compléter les
phrases suivantes :

Ex. 143. La colère du lion est... — Les avalanches [1] se préci-
pitent des montagnes avec un fracas... — Une faute préméditée [2]
n'est jamais... — La terre du département des Landes [3] n'est
guère... — La vertu est... — Un honnête homme, quoique
pauvre, n'est pas moins... — Le feu n'est point... — La probité
est... — Le bois est... — La vertu est...

Choisissez, dans l'ex. 141, les adjectifs nécessaires pour compléter les
phrases suivantes :

Ex. 144. L'immensité des cieux n'est pas... — La vieillesse
est... — La tache du crime n'est pas... — L'Escaut [4] est un
fleuve... — L'histoire de nos revers [5] est à peine... — Une ran-
çon de cinq milliards [6] ne semblait point... — La France se
relève avec une énergie [7]... — Une profession [8] modeste n'en est
pas moins... — Une mauvaise excuse n'est jamais... — La bonté
de Dieu est...

Faites accorder les mots en italique.

Ex. 145. Les enfants ne doivent point jouer avec des instru-
ments dont la pointe est (*aigu*). — On peut être heureux avec
une fortune (*exigu*). — La patrie est notre mère (*nourricier*). —
La France est (*contigu*) à la Belgique et à l'Allemagne. — On
pardonne facilement une faute (*léger*). — La maison du paysan
est (*hospitalier*). — Pendant le siége, les Parisiens mangèrent
courageusement la farine la plus (*grossier*). — Une fièvre (*aigu*)
pardonne rarement.

Choisissez dans la colonne de droite les adjectifs convenables, et formez des
phrases sur le modèle suivant : *L'épée est aiguë.*

Ex. 146. Epée. — Peste. — (Printanier [11]. — Ambigu [12].
Réponse. — Violette. — Chau- } — Meurtrier [13]. — Exigu [14]. —
mière. — Hirondelle. — Ferme. (Léger. — Aigu. — Hospitalier.

Ex. 147. Sève [9]. — Fièvre. (Aigu. — Altier [15]. — Exigu.
— Fierté. — Tenue. — Chambre. } — Nourricier. — Manufacturier.
— Alsace [10]. — Habitation. (— Régulier. — Princier.

---

1. **Avalanche**, masse énorme de neige qui se détache du sommet des montagnes.

2. **Préméditée**, projetée à l'avance.

3. **Lande**, terre inculte et stérile.

4. **Escaut**, fleuve qui arrose le nord de la France, et la Belgique.

5. **Revers**, malheurs, défaites.

6. **Milliard**, mille millions.

7. **Energie**, force de l'âme.

8. **Profession**, état qu'on exerce.

9. **Sève**, suc des plantes.

10. **Alsace**, province à l'est de la France.

11. **Printanier**, qui naît au printemps.

12. **Ambigu**, à double sens.

13. **Meurtrier**, qui tue.

14. **Exigu**, étroit, petit.

15. **Altier**, fier, qui porte haut la tête (du mot latin *altus*, élevé).

Cruel ennemi. — Vengeance cruelle.

§ **89.** 4ᵐᵉ EXCEPTION. — Dans les adjectifs terminés en **el, en, on, et,** on double la consonne finale *l, n* ou *t* avant d'ajouter l'*e* muet.

Ex.: *Cruel,* cru**ell**e ; *pareil, parei**ll**e ; ancien, ancie**nn**e ; bon, bo**nn**e.*

Cependant les adjectifs *complet, concret, discret, inquiet, replet, secret* et leurs composés, font au féminin *complète, concrète, discrète, inquiète, replète, secrète.*

Gras terrain. — Grasse récolte.

§ **90.** 5ᵐᵉ EXCEPTION. — Les adjectifs *nul, gentil, sot, vieillot, bas, gras, gros, las, épais,* font au féminin, *nulle, gentille, sotte, vieillotte, bas, grasse, grosse, lasse, épaisse.*

Nouveau maître. — Nouvelle méthode.

§ **91.** 6ᵐᵉ EXCEPTION. — Les adjectifs *beau, nouveau, fou, mou, vieux,* font au féminin *belle, nouvelle, folle, molle, vieille,* parce qu'au masculin on dit, devant une voyelle ou un *h* muet, *bel, nouvel, fol, mol, vieil.*

Faites accorder les adjectifs soulignés.

Ex. **148.** — Une (*fol*) espérance est toujours suivie d'une peine (*cruel*). — Qui n'apporte au travail qu'une (*mol*) attention, ne fera pas de progrès. — Un pardon généreux est la marque d'une (*bel*) nature. — La France est la plus (*gras*) et la plus (*bel*) contrée de l'Europe. — Quand il n'a pas réussi, l'homme persévérant essaye une (*nouvel*) entreprise.

Parmi les adjectifs suivants.

Continuel,	Cruel,	Replet,	Fraternel,
Naturel,	Violet,	Inquiet,	Eternel,
Annuel,	Pareil,	Complet,	Habituel,

Choisissez ceux qui conviennent pour compléter les phrases suivantes :

Ex. **149.** La colère est une passion... — La pluie... qui tombe entre les tropiques, est cause de l'inondation... du Nil. — L'abrutissement est la suite ... de l'ivrognerie. — La couleur ... est l'emblème de la modestie. — L'ignorance est ... à un nuage épais qui arrête la lumière.

Ex. 150. Une personne ... se guérira par une grande activité. — L'âme du criminel est toujours... — La science de Dieu est seule... — Les bons jouiront là-haut d'une félicité... — Oreste et Pylade[1] étaient unis d'une amitié... — Il est très-difficile de se corriger d'une faute...

LE PETIT PARESSEUX.

Remplacez ce titre par *La petite paresseuse*, et mettez au féminin les mots soulignés.

Ex. 151. Le sort de *l'écolier indolent* est bien malheureux. Lorsqu'*il* se lève le matin, *il* promet à ses parents d'être bien *docile* et bien *exact* à remplir ses devoirs. Mais à peine a-t-*il* franchi le seuil de la classe, qu'il oublie ses bonnes résolutions. *Négligent* et *distrait*, il passe dans l'oisiveté un temps précieux.

Non *content* de rester *inoccupé*, *il* dérange ses condisciples dans leurs travaux; *turbulent* et *bavard*, *il* s'attire sans cesse de nouvelles punitions; *ingrat* et *injuste* à l'égard de ses *maîtres*, *il* ose les accuser d'injustice et de malveillance. Toutes ses journées se passent de même, et il est tout *confus* de se trouver aussi *ignorant* que les années précédentes.

LETTRE POUR UN JOUR DE FÊTE.

Remplacez *mon cher père* par *ma ch... mère*, et *Émile* par *Émilie*, et faites les changements nécessaires.

Mon cher père,

Ex. 152. Votre *petit Émile* est encore trop *ignorant* pour vous composer un beau discours. Mais s'*il* n'est pas *savant*, il n'est pas non plus *ingrat*. Oh! non, cher père! votre fils a du moins un bon cœur, et *il* vous est bien *reconnaissant* de tous les bienfaits qu'il a reçus de vous depuis sa naissance.

Notre sainte religion nous apprend que Dieu exauce toujours les prières d'*un fils obéissant.* Si les vœux que votre *fils chéri* adresse au Ciel sont exaucés, vous serez *satisfait*, cher père, du bonheur que Dieu vous accordera, et moi, *votre cher Émile*, je serai bien content en pensant que j'ai pu contribuer quelque peu à votre félicité.

Votre fils dévoué et *reconnaissant.*

QUESTIONNAIRE.

Qu'arrive-t-il quand un ajectif se termine par un *e* muet au masculin?

Comment forme-t-on le féminin des adjectifs en *er*?

Comment forme-t-on le féminin des adjectifs en *gu*?

Comment forme-t-on le féminin des adjectifs terminés par *el, eil, en, ou. et*?

Que remarque-t-on dans le féminin des adjectifs *complet, concret, discret.... etc.*?

Comment forme-t-on le féminin des adjectifs *bas, gras, las, épais*, etc.?

Comment les adjectifs *beau, nouveau, jumeau*, etc., font-ils leur féminin?

Le caractère jaloux. — L'humeur jalouse.

§ 92. 7me EXCEPTION. — Les adjectifs terminés en **x** changent *x* en **se**.

Ex. : Honteu**x**, *honteu*se ; jalou**x**, *jalouse*.

Cependant *doux, faux, roux*, font *douce, fausse, rousse*.

Le conte menteur. — La fable menteuse.

§ 93. 8me EXCEPTION. — Les adjectifs en *eur*, qui viennent directement d'un participe en *ant*, ont leur féminin en *euse*.

Ex. : Voleur, voleu**se**; menteur, menteu**se**.

§ 94. — Les adjectifs en *ateur, cteur*, ont le féminin en *atrice, ctrice*. Ex. : *accusa*teur, *accusa*trice; *ac*teur, *ac*trice; *direc*teur, *direc*trice.

Caractère naïf. — Réponse naïve.

§ 95. 9me EXCEPTION. — Les adjectifs terminés par *f* changent *f* en *ve :* bref, *brève*; naïf, *naïve*.

Mur blanc. — Maison blanche.

§ 96. 10me EXCEPTION. — Les adjectifs *blanc, franc, sec, frais, public, caduc, turc, grec, malin, bénin, long, tiers, favori, coi*, font au féminin *blanche, franche, sèche, fraîche, publique, caduque, turque, grecque, maligne, bénigne, longue, tierce, favorite, coite*.

Cheveu châtain. — Barbe châtain.

§ 97. 11me EXCEPTION. — *Châtain, dispos* et *fat*, n'ont pas de féminin; *témoin* est des deux genres.

Ex. 153. Paris est une ville très-*(populeux)*.—L'Auvergne est une contrée *(montagneux)*. — Une action *(honteux)* n'est jamais *(avantageux)*. — Ceux qui combattent pour la patrie trouvent une mort *(glorieux)* ou une satisfaction bien *(doux)*. — Il est imprudent de se réfugier sous les arbres quand la journée est *(orageux)*.

Ex. 154. L'abeille est une ouvrière *(industrieux)*. — La Hollande est une contrée *(marécageux)*. — L'ennui est le châtiment d'une écolière *(paresseux)*. — Esaü avait la chevelure *(roux)*. — Tout le monde fuit les enfants dont l'humeur est *(hargneux)*. — Une personne *(jaloux)* trouve son supplice dans son propre cœur. — L'empereur romain Tibère avait une âme déliante et *(faux)*. — On tire de l'amande une huile très-*(doux)* et très-*(onctueux)*.

Des mots suivants, formez des adjectifs masculins en *eur*, féminin *euse*.
Ecrivez : *chantant*, chanteur, chanteuse.

	Ex. **155**.				Ex. **156**.		
Chant	ant	Fil	ant	Cherch	ant	Recev	ant
Boud	ant	Reli	ant	Baign	ant	Caus	ant
Rêv	ant	Achet	ant	Devin	ant	Voyag	eant
Ri	ant	Pêch	ant	Peign	ant	Loge	ant
Parl	ant	Dorm	ant	Cour	ant	Tond	ant

Des mots suivants, formez des adjectifs en *ateur*, féminin *atrice*.
Ecrivez : *accuser*, accusateur, accusatrice.

	Ex. **157**.				Ex. **158**.		
Accus	er	Inspir	er	Modér	er	Viol	er
Révél	er	Interrog	er	Négoci	er	Dévast	er
Consol	er	Observ	er	Opér	er	Domin	er
Cré	er	Admir	er	Réform	er	Imit	er

Choisissez, dans la colonne de droite, les adjectifs convenables que vous ferez
accorder avec les noms de la colonne de gauche.

MODÈLE : La récolte est hâtive.

Ex. 159. La fermière. — La primeur[1]. — La mule. — La petite fille. — La leçon. — La cigale. — Instructif. — Hâtif. — Rétif[2]. — Naïf. — Oisif. — Actif.

Ex. 160. L'écolière. — La valise. — La complainte. — L'histoire. — La viande. — Portatif. — Attentif. — Instructif. — Plaintif. — Nutritif[3].

Ex. 161. La brise[4]. — La fièvre. — La neige. — La place. — La mosquée[5]. — L'attente. — La drachme[6]. — Blanc. — Frais. — Turc. — Public. — Grec. — Long. — Malin.

Ex. 162. La maladie. — La vieillesse. — La paille. — L'innocence. — La chevelure. — Bénin. — Sec. — Caduc. — Châtain. — Franc.

QUESTIONNAIRE.

Comment forme-t-on le féminin des adjectifs terminés par *x* ?

Comment forme-t-on le féminin des adjectifs en *eur* qui viennent d'un participe en *ant* ?

Comment se forme le féminin des adjectifs en *ateur*, *eteur* ?

Comment les adjectifs terminés par *f* forment-ils leur féminin ?

Comment les adjectifs *blanc, franc sec, frais* forment-ils leur féminin ?

Quel est le féminin de *public, caduc, turc, franc* et *grec* ?

Quel est le féminin des adjectifs *bénin, malin* ? de *long, oblong* ? de *favori* ? de *coi* ?

Chatain, dispos, fat et *témoin* ont-ils un féminin ?

---

1. **Primeur**, fruit ou légume précoce ; les premiers légumes.

2. **Rétif**, qui résiste et recule, au lieu d'avancer.

3. **Nutritif**, qui nourrit.

4. **Brise**, vent frais.

5. **Mosquée**, temple chez les Mahométans (Turcs, Arabes, etc.).

6. **Drachme**, monnaie grecque qui vaut 90 centimes.

Comment on forme le pluriel des Adjectifs.

Le livre utile. — Les livres utiles.

§ 98. Règle générale. — On forme le pluriel des adjectifs en ajoutant un **s** au singulier.

Ex. : grand, *grands*; utile, *utiles*.

Exceptions à la règle générale du pluriel dans les adjectifs.

Le mur épais. — Les murs épais.

§ 99. 1re Exception. — Quand les adjectifs sont terminés au singulier par *s* ou *x*, on n'ajoute rien pour former le pluriel masculin :

Ex. : Un mur épais, des murs *épais*.
Un fruit doux, des fruits *doux*.

Le beau jardin. — Les beaux jardins.

§ 100. 2me Exception. — Les adjectifs en *eau*, *beau*, *nouveau*, *jumeau*, prennent un *x* au pluriel masculin.

Ex. : Un beau jardin, de *beaux* jardins.

Le conte moral. — Les contes moraux.

§ 101. 3me Exception. — La plupart des adjectifs en *al* font leur pluriel masculin en *aux*.

Ex. : Égal, *égaux ;* moral, *moraux*.

Le combat naval. — Les combats navals.

§ 102. 4me Exception. — Un certain nombre d'adjectifs en *al*, peu usités d'ailleurs au masculin pluriel, forment leur pluriel par l'addition d'un *s*.

Ex. : Des saluts *amicals ;* des combats *navals*.

La fête patronale. — Les fêtes patronales.

§ 103. 5me Exception. — D'autres adjectifs en *al* ne prennent guère le pluriel qu'au féminin.

Ex. : Des plantes *médicinales ;* des fêtes *patronales*.

Mettez au pluriel les phrases suivantes. Modèle : *Le chien est fidèle ; les chiens sont fidèles.*

Ex. **163.** Le chien est fidèle.
Le lion est féroce.
Le chat est perfide.
La poule est timide.
La rose est belle.
La forêt est touffue.
Le tigre est cruel.
L'étoile est brillante.
L'écureuil est vif.
Le loup est glouton.

Ex. 164. La table est ronde. — L'abeille est industrieuse.
La leçon est facile. — Le bœuf est patient.
Le livre est intéressant. — Le champ est fécond.
Le maître est savant. — Le paon est fier.
Le verre est fragile. — La plume est légère.
Le renard est prudent. — Le jardin est fertile.

Choisissez un nom et un adjectif dans chaque colonne et formez des phrases sur ce modèle : *L'hiver est glacial.*

Ex. 165. Le castor. — Le diamant. — Le moine. — Le cheval. — L'été. — Le vice. — Le renard. { Industrieux. — Pieux. — Orageux. — Précieux. — Pernicieux. — Astucieux. — Fougueux.

Ex. 166. L'astre. — L'écolier. — Le serviteur. — Le procès. — Le chant. — Le pain. — Le serpent. { Mélodieux. — Radieux [1]. — Studieux. — Ruineux. — Spongieux [2]. — Venimeux. — Soigneux.

Ex. 167. L'hiver. — Le précepte. — Le notaire. — Le palefrenier. — Le soldat. — L'accident. — Le son. { Loyal [3]. — Brutal. — Fatal [4]. — Glacial. — Martial [5]. — Moral. — Guttural [6].

Ex. 168. Le juge. — Le son. — Le geste. — Le bail. — L'arrêté. — Le vigneron. { Théâtral. — Décennal [7]. — Impartial. — Moral. — Légal [8]. — Nasal.

Ex. 169. Le chemin. — Le palais. — Le drapeau. — Le pêcher. — Le sirop. — Le niveau. — Le poison. { Horizontal [9]. — Vicinal [10]. — Oriental. — National. — Pectoral [11]. — Royal. — Fatal.

Ex. 170. Mettez ces mêmes phrases au pluriel.

MODÈLE : *Les fruits sont savoureux.*

QUESTIONNAIRE.

Comment forme-t-on généralement le pluriel des adjectifs?

Comment forme-t-on le pluriel des adjectifs terminés par *x*?

Comment forme-t-on le pluriel des adjectifs terminés par *eau*?

Comment forme-t-on le pluriel des adjectifs en *al*?

Quels sont les adjectifs en *al* qui rentrent dans la règle générale?

---

1. **Radieux**, brillant, qui jette des rayons de lumière.

2. **Spongieux**, percés de trous comme l'éponge.

3. **Loyal**, honnête.

4. **Fatal**, qui cause la mort, pernicieux.

5. **Martial**, guerrier.

6. **Guttural**, qui se prononce du gosier.

7. **Décennal**, qui revient tous les dix ans, ou encore, qui dure dix ans.

8. **Légal**, conforme à la loi.

9. **Horizontal**, qui a la même direction que la surface de l'eau paisible, ou de l'horizon.

10. **Vicinal**, qui conduit dans le voisinage.

11. **Pectoral**, qui appartient à la poitrine, et aussi « qui est bon pour la poitrine. »

Degrés de signification dans les adjectifs.

§ 104. — On distingue dans les adjectifs trois degrés de signification : le *positif*, le *comparatif* et le *superlatif*.

§ 105. POSITIF. — Le *positif* n'est autre chose que l'adjectif même. Ex. : *Grand, beau, agréable*.

§ 106. COMPARATIF. — Le *comparatif* exprime que telle qualité est *supérieure*, *inférieure* ou *égale* à une autre.

De là trois sortes de comparatifs : le comparatif de *supériorité*, le comparatif d'*infériorité* et le comparatif d'*égalité*.

1° Pour marquer un comparatif de supériorité, on met *plus* devant l'adjectif (1).

Ex. : Le soleil est *plus* brillant que la lune.

2° Pour marquer un comparatif d'infériorité, on met *moins* devant l'adjectif.

Ex. : La lune est *moins* brillante que le soleil.

3° Pour marquer un comparatif d'égalité, on met *aussi* devant l'adjectif.

Ex. : La rose est *aussi* belle que la tulipe.

§ 107. SUPERLATIF. — Le *superlatif* exprime la qualité dans un *très-haut* degré ou dans *le plus haut* degré.

De là deux sortes de superlatif : le superlatif *absolu* et le superlatif *relatif*.

1° Le superlatif *absolu* marque une qualité portée à un très-haut degré, sans comparaison avec d'autres objets ; on le forme en mettant devant l'adjectif un des adverbes *très, bien, fort, extrêmement*.

Ex. : Londres est une *très*-grande ville.

2° Le superlatif *relatif* marque une qualité portée au plus haut degré, par comparaison avec d'autres objets ; on le forme en mettant *le, la, les, mon, ton, son, notre, votre, leur*, devant le comparatif de supériorité ou d'infériorité. Ex. : *Le* plus beau jardin ; *ton* moindre souci.

---

1. Les adjectifs *mauvais*, *petit*, font au comparatif, *pire*, qui signifie plus mauvais, *moindre*, qui signifie plus petit. *Bon* fait au comparatif *meilleur*, au lieu de *plus bon*, qui ne se dit pas.

Formez le comparatif de supériorité, d'infériorité et d'égalité.

Ex. 171. La vertu est (*supériorité*) *précieuse* que l'or. — L'Asie est (*égalité*) *grande* que l'Europe et l'Afrique réunies. — L'Océanie est (sup.) *grande* que l'Europe. — La terre est (sup.) *grosse* que la lune ; mais elle est (inf.) *volumineuse* que le soleil. — Le Nouveau-Monde est (inf.) *vaste* que l'ancien. — La France est relativement (sup.) *populeuse* que l'Allemagne. — La Belgique est (égal.) *grande* que la Hollande.

Ex. 172. — L'Espagne est au moins (égal.) *chaude* que l'Italie ; mais elle est (inf.) *pittoresque* [1] que la Suisse. — La mer Méditerranée est (sup.) *vaste* que la mer Caspienne [2]. — La France est (sup.) *riche* que les autres contrées de l'Europe. — L'Allemagne est (inf.) *commerçante* que l'Angleterre. — Tous les Etats de l'Europe sont (inf.) *grands* que la Russie [3]. — L'Europe est à peine (égal.) *vaste* que l'Australie [4].

Formez le superlatif de supériorité et d'infériorité.

Ex. 173. La Russie est (sup.) *grande* des seize contrées de l'Europe. — La Grèce [5] est à peu près (sup.) *petite*. — La Suisse est certainement (sup.) *beau* pays de l'Europe ; la Russie est (inf.) *agréable* à habiter, surtout dans les contrées du nord. — Les Lapons [6] sont les hommes (inf.) *grands* de l'Europe. — L'égoïsme est (inf.) *agréable* des défauts.

Ex. 174. Le Rhône est le fleuve (sup.) *rapide* de la France. — Le département de la Seine est (inf.) *grand*, mais (sup.) *populeux* de la France. — Le Mont-Blanc est (sup.) *haute* montagne de l'Europe. — L'orgueil est (sup). *désagréable* de tous les vices. — La Saône est (inf.) *rapide* de toutes nos rivières. — Le tigre est (sup.) *cruel* de tous les animaux.

QUESTIONNAIRE.

Combien de degrés de signification peut-il y avoir dans les adjectifs ?	Combien y a-t-il de sortes de comparatifs ?
Qu'est-ce que le positif ?	Qu'est-ce que le superlatif ?
	Qu'est-ce que le superlatif absolu ?
Qu'est-ce que le comparatif ?	Qu'est-ce que le superlatif relatif ?

1. **Pittoresque**, qui présente à l'œil un tableau agréable et saisissant.

2. **Caspienne**, mer située au sud-est de la Russie.

3. **Russie**, vaste contrée située à l'est de l'Europe.

4. **Australie**, grande île dans l'océan Pacifique.

5. **Grèce**, contrée au sud de l'Europe.

6. **Lapons**, habitants du nord de la Suède et de la Russie.

Accord de l'adjectif avec le nom.

Le bon père, la bonne mère ; de jolis jardins, de jolies fleurs.

§ 108. RÈGLE. — L'adjectif s'accorde en genre et en nombre avec le nom auquel il se rapporte.

Ainsi, dans « le *bon* père, » *bon* est au masculin et au singulier, parce que *père* est du masculin et du singulier ; dans « la bonne *mère*, » *bonne* est au féminin et au singulier, parce que *mère* est du féminin et du singulier.

Dans « de jolis jardins, de jolies fleurs, » *jolis* est au masculin et au pluriel, parce que *jardins* est du masculin et du pluriel ; *jolies* est au féminin et au pluriel, parce que *fleurs* est du féminin et du pluriel.

Accord de l'adjectif avec deux noms [1].

Le roi et le berger sont mortels.

§ 109. RÈGLE. — Quand un adjectif se rapporte à deux noms au singulier, on met cet adjectif au pluriel, parce que deux singuliers valent un pluriel.

Ex. : Le *roi* et le *berger* sont **mortels.**

Le père et le fils sont contents.

§ 110. — Si les deux noms sont du masculin, l'adjectif se met au pluriel masculin.

Ex. : Le *père* et le *fils* sont **contents** ; *père* et *fils* sont du masculin.

La mère et la fille sont contentes.

§ 111. — Si les deux noms sont du féminin, l'adjectif se met au pluriel féminin.

Ex. : La *mère* et la *fille* sont **contentes** ; *mère* et *fille* sont du féminin.

Le père et la mère sont contents.

§ 112. — Si les deux noms sont de différents genres, on met l'adjectif au pluriel masculin.

Ex. : Le *père* et la *mère* sont **contents.**

---

1. S'il y a *plusieurs* noms, les règles sont les mêmes.

Choisissez dans la colonne A deux noms, et, dans la colonne B, un adjectif convenable, et formez des phrases sur le modèle suivant :

Le roi et le berger sont mortels.

A	B
Ex. 175. Le roi et le berger. — Le chat et le chien. — Le cerf et la biche. — L'océan et la mer. — L'âne et la mule.	Mortel. — Léger. — Ennemi. — Entêté. — Profond.
Ex. 176. Le vice et la vertu. — Le soleil et l'étoile. — La musique et le dessin. — La rose et la violette. — Le roi et la reine. — L'ivrognerie et la gourmandise.	Amusant. — Clément. — Contraire. — Odoriférant. — Étincelant. — Dégoûtant.
Ex. 177. L'orgueil et la modestie. — L'histoire et la géographie. — L'instituteur et l'institutrice. — L'âne et le bœuf. — L'écolier et l'écolière. — La fortune et la gloire.	Intéressant. — Obéissant. — Opposé. — Savant. — Patient. Périssable.
Ex. 178. Le verre et le cristal. — Le fermier et la fermière. — La pie et la corneille. — L'abeille et la fourmi. — Le conte et la fable. — La pêche et l'abricot.	Diligent. — Zélé. — Fragile. — Amusant. — Bavard. — Succulent.

L'INTÉRIEUR DE LA TERRE.

Révision. — Faites accorder les mots entre parenthèses.

Ex. 179. Si nous pénétrons dans l'intérieur de la terre, nous y trouvons des (*pierre*), des (*bitume*), des (*sable*), des (*mer*), des (*fleuve*), des (*lac*), enfin des (*matière*) de toute espèce, placées comme au hasard. En examinant avec une plus (*grand*) attention, nous voyons des (*montagne*) affaissées [1], des (*rocher*) fendus et brisés, des (*contrée*) englouties, des (*île*) (*nouvelle*), des (*terrain*) submergés [2], des (*caverne*) (*comblé*). Nous trouvons des (*matière*) (*pesant*) souvent (*posé*) sur des (*matière*) (*léger*), des (*corps*) (*dur*) environnés de (*substance*) (*molle*), des (*chose*) (*sèche*), (*humide*), (*chaud*), (*froid*), (*solide*), toutes mêlées et dans une espèce de confusion [3] qui présente l'image d'un monde en ruine.

QUESTIONNAIRE.

Comment l'adjectif s'accorde-t-il avec le nom ?

Que fait-on quand un adjectif se rapporte à deux noms au singulier ?

Que fait-on si l'adjectif se rapporte à plusieurs noms masculins ?

Que fait-on si l'adjectif se rapporte à plusieurs noms féminins ?

Que fait-on si les deux noms sont de différents genres ?

---

1. Affaissé, qui s'est écroulé sous son propre poids.

2. Submergé, englouti dans l'eau.

3. Confusion, trouble, mélange.

Accord de certains adjectifs.

Ces étoffes sont belles, mais chères.

§ 113. — Certains adjectifs peuvent être employés comme adjectifs et comme adverbes. S'ils sont employés comme adjectifs, ils sont susceptibles d'accord; s'ils sont employés adverbialement, ils deviennent invariables.

Variables.	Invariables.
Ces étoffes sont belles, mais *chères*.	Ces étoffes se vendent *cher* (chèrement).
J'ai pris des mesures *justes*.	Ces enfants chantent *juste* (avec justesse).
Mesdames, marchez *droites* (en vous tenant droites).	Mesdames, marchez *droit* (directement devant vous).

Feu, nu, demi, ci-joint, franc.

§ 114. — *Feu* prend l'accord, lorsqu'il est placé après un déterminatif; il reste invariable, lorsqu'il est placé avant.

Ex. : La *feue reine; feu* ma sœur.

§ 115. — *Nu* prend l'accord, lorsqu'il est placé après le nom; il reste invariable, quand il le précède.

Ex. : Elle était tête *nue* et *nu*-pieds.

§ 116. — *Demi* prend l'accord lorsqu'il est placé après le nom; mais il reste invariable quand il est placé avant.

Ex. : Il vint à dix heures et *demie*, une *demi*-heure après vous.

Remarque. — *Demi,* la moitié d'un entier, est du masculin : deux *demis* valent un entier. — Appliqué aux heures, ce mot est du féminin : cette horloge sonne les *demies*.

§ 117. — *Ci-joint, ci-inclus* sont invariables lorsque le nom auquel ils se rapportent n'est point précédé d'un déterminatif; dans tout autre cas, il y a accord.

Ex. : *Ci-joint,* copie de ma lettre; les pièces *ci-jointes.*

§ 118. — *Franc* dans la locution, *franc de port,* est invariable lorsqu'il précède le nom; il prend l'accord quand il est placé après.

Ex. : J'ai reçu *franc de port* votre lettre.
Cette lettre est *franche de port.*

Faites accorder les adjectifs, s'il y a lieu.

Ex. 180. Cette demoiselle chante *haut* et *fort*, mais elle chante *faux* et ne prononce pas *net*. — Un tyran [1] disait que les cadavres des ennemis sentent *bon!* — « Quel ennui, disait une demoiselle bien douce, d'être sermonnée du matin au soir! Vous vous courbez trop; tenez la tête *droit*; vous perdez du chemin par vos détours : marchez *droit*; et si je chante : vous n'attaquez pas vos notes *juste*; vous prenez bien des intonations *faux*. Quel ennui ! »

Ex. 181. Les fruits seront *cher* cette année; nous les avons payés moins *cher* l'an dernier. — La *feu* reine d'Espagne a légué aux pauvres douze millions et *demi* de réaux[2]. — Les grands ne se croiraient pas des *demi-dieux*, si les petits ne les adoraient pas. — Toute *nu*, la vérité risque de déplaire. — Les montagnards, qui sont *nu-pieds* en toute saison, marchent rarement la tête *nu*.

Ex. 182. Dans les circonstances critiques, les *demi-mesures* ne valent rien, pas plus que les *demi-remèdes* dans les graves maladies. — Ma pendule ne sonne pas les *demi*. — La *demi* est sonnée. — *Ci-inclus* une traite[3] payable à présentation. — Je vous envoie *ci-joint* la lettre qui vous intéresse. — Il y a économie à expédier *franc* de port les lettres ou les paquets que l'on remet à la poste. — Quatre *demi* font deux entiers.

Modèle d'analyse de l'adjectif.

Le soleil est *brillant*; la terre est *ronde*; les astres sont *étincelants*; les mers sont *profondes*. Le bœuf et l'âne sont *patients*. La brebis et la colombe sont *timides*. Les tigres et les panthères sont *cruels*.

Brillant,	adjectif qualificatif, masc. sing., qualifie *soleil.*
ronde,	adj. qualificatif, féminin sing. qual. *terre.*
étincelants,	adj. qual., masc. plur., qual. *astres.*
profondes,	adj. qual., fém. pluriel, qual. *mers.*
patients,	adj. qual., masc. pluriel, qual. *bœufs* et *âne.*
cruels,	adj. qual., masc. plur., qual. *tigres* et *panthères.*

Ex. 183. Cherchez les adjectifs contenus dans les Ex. **73, 74, 75,** et faites-en l'analyse.

QUESTIONNAIRE.

Certains adjectifs ne sont-ils pas susceptibles d'être employés comme adjectifs et comme adverbes?

Que fait-on, s'ils sont employés comme adjectifs?

Que fait-on, s'ils sont employés comme adverbes?

Quelle règle faut-il suivre dans le double emploi des adjectifs *feu, nu, demi, ci-joint, franc?*

1. **Tyran**, celui qui s'est emparé de la royauté; roi cruel.

2. **Réal**, pièce de monnaie d'Espagne, valant 27 centimes.

3. **Traite**, lettre de change, billet dont on s'engage à payer le montant.

ADJECTIFS DÉTERMINATIFS.

La maison. — Deux portes. — Ma fenêtre.

119. — Il y a des adjectifs qui, au lieu de marquer la qualité, comme *blanc*, *grand*, *gros*, servent à préciser la signification du nom ; on les appelle *adjectifs déterminatifs*.

Ex. : *La* maison, *deux* portes, *ma* fenêtre.

§ 120. — Il y a sept espèces d'adjectifs déterminatifs : l'*article*, les adjectifs *numéraux*, les adjectifs *démonstratifs*, les adjectifs *possessifs*, les adjectifs *conjonctifs*, les adjectifs *interrogatifs* et les adjectifs *indéfinis*.

Adjectifs numéraux.

§ 121. — Les adjectifs *numéraux* sont ceux qui désignent le *nombre* ou le *rang*.

De là deux sortes d'adjectifs numéraux : les adjectifs numéraux *cardinaux*, et les adjectifs numéraux *ordinaux*.

I. — ADJECTIFS NUMÉRAUX CARDINAUX.

§ 122. — Les adjectifs numéraux *cardinaux* expriment le *nombre*, la *quantité*.

Ces adjectifs sont : *Un, deux, trois, quatre, cinq, dix, vingt, trente, quarante, cent, deux cents, mille, million*, etc.

Quatre-vingts hommes. — Huit cent dix vaisseaux. — Quatre mille hommes.

§ 123. — Les adjectifs numéraux cardinaux sont invariables. Cependant *vingt* et *cent* prennent un *s* quand il y a plusieurs fois vingt ou cent et qu'ils ne sont pas suivis d'un autre nom de nombre .

Ex. : *quatre-vingt*s chevaux ; *quatre cent*s hommes.

Mais ils restent invariables s'ils sont suivis d'un autre nom de nombre.

Ex. : *quatre-vingt-dix* vaisseaux ; *huit cent dix* hommes.

Mille est toujours invariable.

Ex. : *quatre mille* hommes forcèrent le passage.

Mille s'écrit *mil* pour les dates de notre ère.

Ex. : L'an *mil* huit cent soixante-quatorze.

II. — ADJECTIFS NUMÉRAUX ORDINAUX.

§ 124. — Les adjectifs numéraux *ordinaux* expriment l'*ordre*, le *rang*, et s'accordent avec le nom.

Ces adjectifs sont : *Premier, deuxième* ou *second, troisième, quatrième, cinquième, dixième, vingtième, trentième, quarantième, centième, millième, millionième.*

Copiez les exercices suivants et remplacez les chiffres par des lettres.

Ex. 184. Huit pièces de 50 francs font 400 francs. — 200 ans font deux siècles. — Au lieu de 120, on disait autrefois six 20. — L'hôpital des Quinze-20 fut fondé pour recevoir 300 gentils-hommes aveugles. — Charlemagne fut sacré empereur en l'an 800. — Un homme est très-vieux à 90 ans.

LES AFFAIRÉS [1].

Remplacez des chiffres par des lettres.

Ex. 185. Il y a des gens qui se multiplient[2] dans tous les coins, et qui peuplent en un instant les quatre quartiers d'une ville. 100 hommes de cette espèce tiennent plus de place que 2,000 citoyens; ils pourraient réparer, aux yeux des étrangers, les ravages de la peste et de la famine réunies. Un d'eux mourut l'autre jour de lassitude, et l'on mit cette épitaphe[3] curieuse sur son tombeau :

Ex. 186. C'est ici que repose celui qui ne s'est jamais reposé. Il s'est promené à 530 enterrements; il s'est réjoui de la naissance de 2680 enfants. Les pensions[4] dont il a félicité ses amis, toujours en des termes différents, montent à 2,600,000 livres[5]; le chemin qu'il a fait sur le pavé s'élève à 9,600 lieues; celui qu'il a fait dans la campagne, à 630,000.

Ex. 187. Sa conversation était amusante : il avait un recueil tout fait de 365 contes; il possédait d'ailleurs, depuis son jeune âge, 618 maximes tirées de 1000 écrivains anciens, qu'il employait dans les conversations brillantes. Il est mort en l'an 1600, à la 71me de son âge. Je me tais, voyageur; comment pourrais-je te dire les 1000 choses qu'il a faites et qu'il a vues.

MONTESQUIEU.

QUESTIONNAIRE.

Que sont les adjectifs déterminatifs?
Combien y a-t-il d'espèces d'adjectifs déterminatifs?
Quels sont les adjectifs numéraux?
Combien y en a-t-il de sortes?
Qu'expriment les adjectifs numéraux cardinaux?
Quels sont ces adjectifs?

Les adjectifs cardinaux varient-ils?
Quelles sont les règles de *vingt* et de *cent?*
Quelles sont les règles de *mille!*
Quand emploie-t-on *mil?*
Qu'expriment les adjectifs ordinaux?
Les adjectifs ordinaux varient-ils?
Citez des adjectifs ordinaux.

---

1. **Affairé**, qui affecte d'être très-occupé.
2. **Se multiplier**, montrer une activité telle qu'on semble être en plusieurs lieux à la fois.

3. **Epitaphe**, inscription sur un tombeau.
4. **Pension**, revenu payé par l'Etat.
5. **Livre**, ancien nom du *franc*.

Adjectifs démonstratifs.

Ce château. — Cette maison.

§ 125. — Les adjectifs *démonstratifs* sont ceux qui servent à montrer la personne ou la chose dont on parle.

Ces adjectifs sont :

Masculin singulier.	Féminin singulier.	Pluriel des deux genres
Ce, cet,	*cette.*	*ces.*

Ce hérisson. — Cet homme.

REMARQUE. — On met *ce* devant les noms qui commencent par une consonne ou un *h* aspiré.

Ex. : *Ce* corbeau, *ce* hérisson.

On met *cet* devant les noms qui commencent par une voyelle ou un *h* muet.

Ex. : *Cet* oiseau, *cet* homme.

Mettez l'adjectif démonstratif convenable. Ex. : *Ce* vêtement, *cette* casquette.

Ex. 188.

1.. vêtement ...paletot.
...chapeau. ...habits.
...casquette. ...blouse.
...bonnet. ...veste.
...calotte. ...manteau.

Ex. 189.

...robe. ...chemise.
...tablier. ...souliers.
...gilet. ...bottines.
...jupons. ...bottes.
...pantalon. ...sabots.

Ex. 190.

II..fleurs. ...giroflée.
...roses. ...pensée.
...rose. ...rosier.
...œillet. ...bouton d'or.
...tulipe. ...violette.

Ex. 191.

...coucou. ...jacinthe (*f.*).
...marguerite. ...muguet
...bluet. ...lis (*plur.*).
...bluets. ...jasmins.
...coquelicot. ...pervenche(*f*).

LA VIE CHAMPÊTRE.

Remplacez le trait par l'adjectif déterminatif convenable.

Ex. 192. — terre que nous habitons n'est jamais ingrate ; elle nourrit toujours de ses fruits — patients laboureurs qui la cultivent avec soin ; elle ne refuse ses biens qu'à — cultivateurs qui craignent de lui donner leurs peines. Plus — laboureurs ont d'enfants, plus ils sont riches ; car — enfants, dès leur plus tendre jeunesse, commencent à les secourir. Les plus jeunes conduisent les moutons dans — gras pâturages où ils se nourrissent d'une

herbe parfumée ; les autres mènent déjà les grands troupeaux ;
les plus âgés labourent avec leur père.

Ex. 193. Cependant la mère de toute — famille prépare un
repas frugal[1] à son époux et à — chers enfants, qui doivent
revenir fatigués du travail ; elle trait — vaches et — brebis
dont le lait est si doux ; elle fait un grand feu, autour duquel
toute — jeunesse innocente et paisible prend plaisir à chanter
le soir ; elle prépare — fromages, — châtaignes, et — fruits
savoureux[2] que donne le verger, conservés dans la même fraî-
cheur que si on venait de les cueillir.   Fénelon.

LES ASTRES.

Remplacez le trait — par un adjectif démonstratif.

Ex. 194. Regardons — voûtes[3] immenses où brillent — astres
étincelants. Si ce sont des voûtes solides, qui en est l'architecte ?
Qui a placé — grands corps lumineux à certains endroits de —
voûtes ? Qui est-ce qui fait tourner si régulièrement — voûte autour de nous ? Si au contraire les cieux ne sont que des espaces
immenses remplis d'un fluide[4] plus léger que l'air, d'où vient
que tous — corps y flottent sans se déranger jamais ?

Ex. 195. Que signifie — multitude presque innombrable d'é-
toiles ? Que l'on dise tant qu'on voudra que — astres et — globes
sont autant de mondes semblables à — terre que nous habitons :
j'admets — supposition. Combien alors doit être puissant — Dieu
qui a fait — mondes aussi innombrables que — grains de sable
qui couvrent le rivage des mers, et qui conduit tous — mondes
comme le berger conduit son troupeau !   Fénelon.

Choisissez un mot dans chaque colonne et formez des phrases sur les modèles
suivants : 1° *Ce cheval est fougueux.* 2° *Ces chevaux sont fougueux.*

Ex. 196. Ecolière. — Insti- Savant. — Odoriférant. —
tutrice. — Rose. — Prairie.— Studieux.— Aigu. — Amusant.
Histoire. — Epée.   — Vert.

QUESTIONNAIRE.

Définissez les adjectifs démonstra- | Quand emploie-t-on *ce ?*
tifs ? | Quand emploie-t-on *cet ?*
Quels sont ces adjectifs ? | Citez des exemples.

---

1. **Frugal,** qui se compose de fruits.

2. **Savoureux,** plein d'une saveur agréable au goût.

3. **Voûtes.** il s'agit ici de la voûte apparente du ciel.

4. **Fluide,** composé de parties si déliées qu'elles glissent sans résistance les unes sur les autres. L'air est un fluide.

Adjectifs possessifs.

Dieu est notre père. — Chacun a son mérite.

§ 126. — Les adjectifs *possessifs* sont ceux qui marquent la *possession* de la personne ou de la chose dont on parle.

Ex. : Dieu est *notre* père. Chacun a *son* mérite.

Les adjectifs possessifs sont :

SINGULIER.		PLURIEL.	
Masculin.	*Féminin.*	*Des deux genres.*	
Mon.	Ma.	Mes,	(relatifs à la 1re pers. sing.)
Ton.	Ta.	Tes,	(relatifs à la 2e pers. sing.)
Son.	Sa.	Ses,	(relatifs à la 3e pers. sing.)
Notre.	Notre.	Nos,	(relatifs à la 1re pers. plur.)
Votre.	Votre.	Vos,	(relatifs à la 2e pers. plur.)
Leur.	Leur.	Leurs,	(relatifs à la 3e pers. plur.)

Mon âme. — Son épée.

§ 127. — *Mon, ton, son,* s'emploient au lieu de *ma, ta, sa,* lorsque le nom féminin qui suit commence par une voyelle ou un *h* muet.

Ainsi, l'on dit *mon* âme (pour *ma* âme); *ton* humeur (pour *ta* humeur); *son* épée (pour *sa* épée).

Regardez ces beaux fruits. — Tout homme a ses défauts.

§ 128. — Il ne faut pas confondre *ces*, adjectif démonstratif, avec *ses*, adjectif possessif.

Ces, adjectif démonstratif, sert à montrer, et prend un *c* : Regardez *ces* beaux fruits. — *Ses*, adjectif possessif, prend un *s* : Tout homme a *ses* défauts.

Emploi de l'adjectif possessif.

J'ai la jambe enflée.

§ 129. — Lorsqu'il s'agit des parties du corps, on emploie souvent *le, la, les,* au lieu de *mon, ton, son.* Ainsi on dira : J'ai *la* jambe enflée; j'ai mal à *la* tête. Pierre s'est cassé *le* bras (et non pas : J'ai *ma* jambe enflée : j'ai mal à *ma* tête; Pierre s'est cassé *son* bras).

L'adjectif possessif *leur*, suivi d'un nom, s'écrit tantôt sans *s*, et tantôt avec un *s*.

1° On écrira sans mettre un *s* à *leur* : Ces deux frères ont perdu *leur* mère, parce qu'il ne s'agit que d'*une* mère.

2° On écrira en mettant un *s* à *leur* : Son frère et son cousin ont perdu *leurs* mères, parce qu'il s'agit de *deux* mères.

Remplacez le trait — par *ces* ou par *ses*.

Ex. 197. Tout homme a — qualités et — défauts. La France est voisine de l'Angleterre : — deux pays sont très-riches. Evitez la gourmandise et la paresse : — défauts sont honteux. Chaque pays a — productions et — avantages particuliers. Chaque province a — mœurs et — usages. Chaque siècle a — grands hommes. Qui pourrait contempler sans admiration — astres, — étoiles, tous — globes lumineux qui roulent dans l'espace ?

LE CHEVREUIL.

Remplacez le trait — par l'adjectif possessif convenable, et corrigez les mots indiqués.

Ex. 198. Le chevreuil a plus de grâce, plus de vivacité, et même plus de courage que le cerf ; il a *(son* ou *l')* air plus gai, il a *(sa* ou *la)* démarche plus leste, il a *(ses* ou *les)* formes plus *(arrondi)* et *(sa* ou *la)* figure plus agréable ; — il a *(ses* ou *les)* yeux plus *(beau)* ; — membres sont plus *(souple)*, — mouvements plus *(vif)*. — robe [1] est toujours propre, — poil net et lustré.

Ex. 199. Il n'attend, pas, comme le cerf, que — forces soient épuisées pour employer la ruse. Dès qu'il sent que — premiers efforts n'ont pu dérouter — ennemis, il sait se dérober à — poursuite par — détours [2] multipliés ; il revient sur — pas, retourne, revient encore ; et lorsqu'il a trompé les chiens par la rapidité de — mouvements, il se jette de côté, et laisse passer la troupe entière de — ennemis acharnés [3].   BUFFON.

Exercices de rédaction.

LE CHIEN ET SON MAÎTRE.

L'élève développera le sommaire suivant.

Ex. 200. Un jeune homme voulait noyer son chien. Il le fait monter dans un batelet [4], le saisit et le jette dans..... Le chien disparaît, remonte, et fait des efforts désespérés...., mais chaque fois son maître le repousse..... Cette lutte cruelle durait depuis quelque temps, quand le maître saisit la rame et en assène un coup..... en même temps il perd l'équilibre et..... Alors la scène change : le fidèle animal plonge, saisit son maître, et....

QUESTIONNAIRE.

Définissez les adjectifs possessifs ?	Remplace-t-on les adjectifs possessifs par *le, la, les* ?
Quels sont ces adjectifs ?	
Emploie-t-on *mon, ton, son,* pour *ma, ta, sa* ?	Quelle différence y a-t-il entre *leur* et *leurs* ?
En quoi *ces* diffère-t-il de *ses* ?	Citez des exemples.

---

1. **Robe,** c.-à-d., son pelage.
2. **Détours,** circuits qu'il décrit en courant.

3. **Acharnés,** attachés furieusement à leur proie.
4. **Batelet,** petit bateau.

3.

Adjectifs conjonctifs.

§ 130. — Les adjectifs *conjonctifs* sont ceux qui servent à lier deux membres de phrase ; on les appelle aussi *relatifs*, parce qu'ils se rapportent à un nom précédemment exprimé : ce nom s'appelle *antécédent*.

Voici les adjectifs conjonctifs.

SINGULIER.		PLURIEL.	
Lequel,	*laquelle,*	*Lesquels,*	*lesquelles,*
Duquel,	*de laquelle,*	*Desquels,*	*desquelles.*
Auquel,	*à laquelle,*	*Auxquels,*	*auxquelles.*

Ces mots ne sont *adjectifs* que si l'antécédent est répété.

Ex. : La gloire est le *but* des ambitieux, *lequel but* est toujours difficile à atteindre.

Ce tour est rare, et il vaut mieux l'éviter.

Adjectifs interrogatifs.

Quel pays habitez-vous?

§ 131. — Quand les adjectifs conjonctifs deviennent *interrogatifs,* on supprime l'article qui les précède, et l'on dit : *quel? quelle? quels? quelles?*

Ex. : *Quel* pays habitez-vous.

Remplacez le trait — par un adjectif interrogatif, et faites-le accorder avec le nom qu'il détermine.

Ex. **201.** — est la *capitale* de la Belgique ? c'est Bruxelles. — est le *chef-lieu* du département de la Seine ? c'est Paris. — *montagnes* séparent la France de l'Italie ? ce sont les Alpes. — — *fleuve* traverse la Gascogne [1] ? C'est la Garonne. — sont les *hommes* les plus petits de l'Europe ? ce sont les Lapons [2]. — est la *nation* la plus commerçante ? c'est l'Angleterre.

Ex. **202.** — sont les plus grands *rois?* ce sont ceux qui font le bonheur des peuples. — est le fleuve le plus rapide de la France ? c'est le Rhône. — est la contrée la plus montagneuse de l'Europe ? c'est la Suisse. — sont les contrées les plus pauvres ? c'est l'Irlande et l'Allemagne. — sont les peuples les plus industrieux ? ce sont les Anglais, les Français et les Belges.

---

1. Gascogne, ancienne province au sud-ouest de la France.

2. Lapons, peuple qui habite au nord de la Suède.

Exercices d'invention et de rédaction.

Complétez chaque phrase à l'aide des mots indiqués.

L'ENFANT ET LA FEUILLE.

Ex. 203. Un —jouait un jour dans un — a côté de son père. Il trouva dans un — une — flétrie. D'où vient, demanda l' — à la feuille, ce — délicieux que tu exhales? Serais-tu la —?

> Feuille.
> Enfant.
> Parterre[1].
> Jardin. — Rose.
> Parfum.

Ex. 204. Non, répondit la —, je ne suis point la —, mais j'ai vécu quelque — dans son — : de là vient la douce — qui cause ton —.

> Odeur. — Rose.
> Feuille. Temps.
> Voisinage.
> Etonnement.

Ex. 205. Le —, qui avait écouté cette —, dit à son — : Tu vois, cher —, quelle heureuse — une bonne — exerce sur celui qui la fréquente. N'aie donc jamais que de bons —.

> Influence[2].
> Père. — [Enfant.
> Camarades.
> Conversation.
> Société. — Fils.

Lettre d'un fils à ses parents.

Ex. 206. Il vient en ce jour heureux vous exprimer sa gratitude... Si chaque année ajoute à sa dette... chaque année aussi ajoute à sa reconnaissance... Il ne peut encore vous la témoigner que par les vœux sincères que... Ils lui sont dictés par... et Dieu les... car, s'il bénit les enfants...

Modèle.

Mes chers parents,

Je viens, en ce jour heureux pour moi, vous exprimer mes sentiments de tendresse et de gratitude pour tous vos bienfaits. Chaque année ajoute à la dette que j'ai contractée envers vous. Chaque année aussi voit s'accroître ma reconnaissance. Je ne puis encore vous l'exprimer que par les vœux sincères que je fais pour votre bonheur. Ils me sont dictés par mon cœur, et Dieu les exaucera sans doute; car, s'il bénit les enfants reconnaissants, il bénit aussi les bons parents.

Veuillez agréer l'expression de mes sentiments affectueux.

Lettre d'une fille à ses parents.

Ex. 207. Puis-je mieux commencer l'année dans laquelle nous entrons qu'en cherchant à vous exprimer... Si Dieu daigne m'exaucer, je le remercierai dans les prières que... De bons parents sont l'image de la Divinité, et méritent..... Aussi est-ce avec joie et espérance que je commence cette année.... je m'efforcerai de suivre vos exemples et de...

QUESTIONNAIRE.

Définissez les adjectifs conjonctifs?	Quels sont ces adjectifs?
Pourquoi les appelle-t-on aussi relatifs?	Que fait-on quand les adjectifs conjonctifs deviennent interrogatifs?

1. **Parterre**, terrain planté de fleurs.

2. **Influence**, action que l'on exerce sur la conduite d'une personne.

Adjectifs indéfinis.

Chaque pays a ses coutumes.

§ 132. — Les adjectifs *indéfinis* sont ceux qui déterminent le nom d'une manière vague et générale.

Ex. : *Chaque* pays a ses coutumes.
   Un loup n'avait plus que les os et la peau.

Ici on désigne vaguement les mots *pays, loup.*

Ces adjectifs sont : *Chaque, plusieurs, aucun, nul, un, même, autre, tout, certain, quelque, quelconque, tel.*

Accord de certains adjectifs indéfinis.

Même.

§ 133. — I. MÊME est adjectif et variable quand il détermine un nom ou un pronom.

Ex. : Le peuple et les grands n'ont pas les *mêmes* vertus.
   Les grands ne semblent nés que pour *eux-mêmes.*

II. *Même* est adverbe et invariable, quand il modifie un adjectif ou un verbe.

Ex. : Tout citoyen doit obéir aux lois, *même* injustes.
   On admire *même* les gestes de cet orateur.

III. *Même* est encore employé adverbialement, quand il est placé après plusieurs noms.

Ex. : Les princes, les grands, les rois *même* sont souvent malheureux.

Faites accorder les adjectifs mis entre parenthèses.

Ex. 208. (*Nul*) homme, (*nul*) femme, (*nul*) enfant n'est content de son sort. — (*Chaque*) pays a sa capitale ; (*chaque*) province a son chef-lieu. — (*Certain*) renard vit au haut de (*certain*) vigne des raisins appétissants. — (*Nul*) voie n'est plus sûre que celle de la probité ; (*nul*) force n'est plus puissante que celle de la vérité. — La France n'est plus (*tel*) qu'elle était il y a cinquante ans.

Ex. 209. (*Certain*) fleuves, comme le Nil, débordent (*tout*) les ans à des époques fixes. — (*Tel*) mers qui couvraient autrefois de vastes plaines, ne sont plus aujourd'hui que des déserts de sable. — (*Nul*) contrée n'est plus riche que la France ; (*nul*) n'est mieux cultivée qu'elle. — (*Certain*) gens voudraient que la fortune leur arrivât sans (*aucun*) effort. — (*Tel*) arbres qui restent petits chez nous, atteignent, dans les pays chauds, (*un*) grande hauteur.

Ex. 210. Les menteurs se trahissent eux(-*même*).— Nous devons avoir pour nos amis les (*même*) sentiments, les (*même*) soins, les (*même*) attentions que pour nous-(*même*). — Tous les hommes ont les (*même*) devoirs à remplir. — Les animaux, (*même*) sauvages, nous offrent des exemples de reconnaissance. — Les hommes vertueux sont respectés (*même*) par les méchants. — Les animaux, les plantes (*même*) étaient au nombre des divinités égyptiennes.

Modèle d'analyse pour les adjectifs déterminatifs.

LE BEAU FRUIT.

Un enfant examinait *mille* plantes étrangères, déposées *au* jardin dans *des* vases élégants. Sur un arbuste peu élevé, il vit un fruit dont *la* rougeur était appétissante. « *Quel* admirable fruit! s'écria-t-il; que *cette* couleur est belle! Il regarda soigneusement si personne ne l'observait, cueillit le fruit et le porta à *sa* bouche.

Mais tout à coup il sentit comme un feu ardent, et rejeta bien vite le fruit en versant des larmes. *Sa* mère accourut à *ses* cris et lui dit : « *Quelle* mauvaise pensée t'a poussé à manger *ce* fruit malgré *ma* défense? Tu es fort heureux de ne pas l'avoir avalé, car il aurait pu te coûter la vie. »

Un   adj. indéfini masc. sing. détermine *enfant*.
mille   adj. num. card. fém. plur. détermine *plantes*.
au   pour *à le*, art. contracté masc. sing. détermine *jardin*.
des   pour *de les*, art. contracté masc. plur. détermine *vases*.
la   art. simple fém. sing. détermine *rougeur*.
quel   adj. conjonctif masc. sing. détermine *fruit*.
cette   adj. démonstr. fém. sing. détermine *couleur*.
sa   adj. possessif fém. sing. détermine *bouche*.
ses   adj. poss. masc. plur. détermine *cris*.
quelle adj. interrogatif fém. sing. détermine *pensée*.
ce   adj. démonstratif masc. sing. détermine *fruit*.
ma   adj. possessif fém. sing. détermine *défense*.

Ex. 211. Analysez de la même manière les adjectifs déterminatifs contenus dans le morceau intitulé : *L'ourse et le petit ours*, page 10.

Ex. 212. Analysez les adjectifs déterminatifs contenus dans le morceau intitulé : *Le bout du monde*, page 17.

Ex. 213. Analysez les adjectifs déterminatifs contenus dans le morceau intitulé : *Les violettes*, page 21.

Quelque.

§ 134. — **Quelque** s'écrit de trois manières.

I. *Quelque*, suivi d'un nom, s'écrit en un seul mot : *quelque ;* alors il est adjectif et par conséquent variable.

Ex. : *Quelques hommes* furent blessés.

Quelques richesses que vous ayez, vous ne devez pas vous enorgueillir.

II. *Quelque* suivi d'un adjectif, d'un participe ou d'un adverbe, s'écrit également en un mot ; mais alors il est adverbe, et par conséquent invariable.

Ex. : Les rois, *quelque puissants* qu'ils soient, ne doivent pas oublier qu'ils sont hommes.

Quelque estimés qu'ils soient, ils ont été accusés.

Quelque adroitement qu'ils s'y prennent, ils ne réussiront pas.

III. *Quel que*, suivi des verbes *être, devoir, pouvoir,* s'écrit en deux mots : *quel que ;* alors *quel,* adjectif, s'accorde en genre et en nombre.

Ex. : *Quelle que soit* votre force, *quelles que soient* vos richesses, *quels que puissent être* vos talents, rappelez-vous que vous mourrez un jour.

Quelle que *doive être* notre modestie, nous aurons soin d'éviter la bassesse.

Tout.

§ 135. — **Tout** est adjectif ou adverbe.

Tout est adjectif, et par conséquent variable, quand il est suivi d'un nom.

Ex. : *Tous les hommes* sont sujets à la mort.

Toutes les récoltes sont rentrées.

Tout est adverbe, et par conséquent invariable, quand il est suivi d'un adjectif ; il signifie alors *tout à fait, quelque.*

Ex. : Elle est *tout étonnée.*

Ces œufs sont *tout blancs.*

Les enfants, *tout aimables* qu'ils sont, ne laissent pas d'avoir bien des défauts.

Mais si l'adjectif est au féminin et commence par une consonne ou un *h* aspiré, on met *toute, toutes.*

Ex. : Elle est *toute* consternée.

Elles sont *toutes stupéfaites, toutes honteuses.*

Ces images ne me plaisent pas, *toutes belles* qu'elles sont.

Corrigez, s'il y a lieu, les mots entre parenthèses.

Ex. 214. (*Quelque*) soient les priviléges des bienheureux dans le ciel, (*quelque*) soient les souffrances des damnés dans l'enfer, il n'est permis à aucun d'eux de revenir sur la terre. (*Quelque*) soient les histoires effrayantes qu'on vous ait racontées, (*quelque*) soient les choses que vous ayez vues ou cru voir, n'ajoutez aucune créance aux fantômes, aux revenants, et aux loups-garous. Défiez-vous de ces sortes d'histoires inventées par les peureux et les superstitieux.

Ex. 215. (*Quelque*) puisse être votre frayeur, allez bravement droit à l'objet, et vous reconnaîtrez bien vite que le fantôme est un jupon agité par le vent, ou une branche d'arbre qui se balance. La seule chose vraie, c'est que dans (*quelque*) cimetières, ou aux environs de (*quelque*) marais, il s'échappe de terre (*quelque*) gaz qui s'enflamment au contact de l'air, en voltigeant çà et là d'une façon bien inoffensive. Ce sont des feux follets.

Ex. 216. (*Quelque*) soins que l'on prenne des vers à soie, (*quelque*) soit la persévérance des éleveurs, ils voient souvent leurs récoltes enlevées par une maladie. Pour faire éclore les œufs des vers à soie, on les expose aux rayons du soleil ; au bout de (*quelque*) heures, (*quelque*) petites chenilles sortent des œufs. — Quoique la noblesse de l'âne soit moins illustre, elle est (*tout*) aussi bonne, (*tout*) aussi ancienne que celle du cheval. — L'espérance, (*tout*) trompeuse qu'elle est, adoucit nos peines.

Ex. 217. La valeur, (*tout*) héroïque qu'elle est, ne suffit pas pour faire des héros. — Les montagnes de Vénus[1] sont plus élevées que celles de la lune : Vénus en paraît (*tout*) hérissée. — Rome a bien changé ; c'est une *tout* autre ville. — Un homme qui a vécu dans l'intrigue[2] un certain temps ne peut plus s'en passer : (*tout*) autre vie pour lui est languissante. — Dans (*tout*) les pays, (*tout*) les bons cœurs sont frères.

Exercices lexicologiques.

Ex. 218. Expliquez ce que signifient les noms suivants : *Entrepont, aridité, métropole, vallon, bocage, corneille, ingratitude, indice, péninsule, firmament, coteau, hôte, prophète, emblême, amendement.*

QUESTIONNAIRE.

Définissez les adjectifs indéfinis ? Quels sont ces adjectifs ?	Quelles particularités offrent les mots *même, quelque, tout* ?

---

1. **Vénus**, planète qui tourne autour du soleil.

2. **Intrigue**, manœuvre secrète et souvent coupable.

CHAPITRE III

LE PRONOM.

§ 136. — Le *pronom* est un mot qui tient la place du nom.

Quand je dis : Paul est paresseux, **il** sera puni ; c'est comme s'il y avait : Paul est paresseux, **Paul** sera puni. Le mot *il*, qui remplace *Paul*, est un pronom.

§ 137. — Les pronoms se divisent en pronoms *personnels*, et en pronoms *déterminatifs*.

PRONOMS PERSONNELS.

§ 138. — Il y a trois personnes.

La première est celle qui parle : *je* lis.

La deuxième est celle à qui l'on parle : *tu* lis.

La troisième est celle de qui l'on parle : *il* lit.

§ 139. — Les pronoms *personnels* servent à désigner chacune des trois *personnes*.

Les pronoms personnels sont :

Pour la première personne : *je, me, moi*, pluriel *nous*.

Pour la deuxième personne : *tu, te toi*, pluriel *vous*.

Pour la troisième personne :
{ Masculin : *il, le, lui* ; *ils, eux*.
{ Féminin : *elle, la* ; *elles*.
{ Des deux genres : *lui, les, leur, se, soi, en, y*.

Ex. 219. L'élève indiquera la personne du pronom par les chiffres 1, 2, 3. **Ex. 1** *Je* fauche, **2** *Tu* ris, **3** *Elle* rit.

Je fauche.	*Il* sème.	*Je me* flatte.	*Nous* rions.
Je joue.	*Tu* ris.	*Elle se* flatte.	*Vous* riez.
Je pleure.	*Elle* rit.	*Tu me* donnes.	*Ils* rient.
Tu fauches.	*Je* cours.	*Elle lui* donne.	*Tu* parles.
Il joue.	*Tu* cours.	*Il te* donne.	*Ils* parlent.
Je sème.	*Elle* court.	*Je* parle de *toi*.	*Nous* donnons.

Ex. 220. Remplacez les chiffres par le pronom correspondant du singulier. **Ex. :** *Je* sais, *Tu* sais.

(1) sais.	(2) es.	(3) écoute.	(2) appelles.
(2) sais.	(3) est.	(2) écoutes.	(1) achève.
(3) sait.	(1) vois.	(2) laisses.	(3) achève.
(2) rends.	(3) voit.	(1) laisse.	(3) attaque.
(3) rend.	(1) entends.	(1) appelle.	(3) vient.
(1) suis.	(3) entend.	(3) appelle.	(2) dors.

Ex. 221. Remplacez le chiffre par le pronom correspondant du pluriel.

(1) mangeons.	(1) restons.	(1) sommes.	(1) voulons.
(3) mangent.	(3) vivent.	(3) sont.	(2) voulez.
(1) rions.	(1) vivons.	(2) êtes.	(1) disons.
(2) livrez.	(1) voyons.	(3) ressemblent.	(2) dites.
(2) restez.	(2) voyez.	(1) ressemblons.	(3) disent.
(3) restent.	(3) voient.	(3) veulent.	(2) mentez.

EXERCICES DE COMPOSITION.

Lettres.

A UN BIENFAITEUR.

Loin de trouver assujettissant l'usage qui... les occasions... sont trop rares pour...

Je viens donc avec une joie bien vive vous..., et j'espère être un des premiers à vous...

Daignez agréer.

Modèle.

MONSIEUR,

Loin de trouver assujettissant l'usage qui me ramène près de vous chaque année pour vous offrir l'hommage de ma reconnaissance, les occasions de vous exprimer tous les sentiments que vos bontés font naître en moi me semblent trop rares pour que je ne les accueille pas avec bonheur.

Je viens donc avec une joie bien vive vous assurer aujourd'hui que le souvenir de vos bienfaits est toujours vivant dans mon cœur ; et j'espère être un des premiers à vous renouveler l'expression annuelle des vœux que je forme pour votre bonheur et celui de toutes les personnes qui vous sont chères.

Recevez, Monsieur, la nouvelle assurance de mon inaltérable gratitude et de mon sincère attachement.   LOUIS.

A UNE AMIE.

Laure fait savoir à son amie que les vacances commencent au pensionnat le... prochain. — Elle se réjouit en pensant qu'elle va bientôt revoir ses chers parents, son village, sa bonne Émilie. — Plaisirs qu'elle se promet.

QUESTIONNAIRE.

Qu'est-ce que le pronom ?	Combien y a-t-il de personnes ?
Comment divise-t-on les pronoms ?	Quelle est la 1re personne ?
Qu'est-ce que les pronoms personnels ?	Quelle est la 2e personne ?
	Quelle est la 3e personne ?
Quels sont les pronoms personnels ?	Citez les pronoms personnels.

Observations sur les pronoms.

§ 140. — Il ne faut pas confondre *le, la, les,* pronoms personnels, avec *le, la, les,* articles.

Le, la, les, pronoms, peuvent toujours se tourner par *lui, elle, eux, elles.* Ex. : Je *le* connais, c'est-à-dire, je connais *lui.* Je *la* vénère, c'est-à-dire, je vénère *elle.* Je *les* vois, c'est-à-dire, je vois *eux.* — *Le, la, les,* articles, accompagnent toujours un nom. Ex. : *Le* livre, *la* maison, *les* châteaux.

§ 141. — *Me, te, se, nous, vous, le, la,* s'emploient pour *moi, toi, lui* ou *eux, nous, vous, lui, elle.* Ex. : Il *me* flatte, c'est-à-dire, il flatte *moi.* — Je *te* punis, c'est-à-dire, je punis *toi.* — Nous *nous* regardons, c'est-à-dire, nous regardons *nous.* — Je *la* vois, c'est-à-dire, je vois *elle.*

§ 142. — *Me, te, se, nous, vous, lui, leur,* s'emploient pour *à moi, à toi, à soi, à nous, à vous, à lui, à eux.* Ex. : Le maître *me* donnera un livre, c'est-à-dire, donnera un livre *à moi.* — Il *me* parle, c'est-à-dire, il parle *à moi.* — Il *vous* a écrit, c'est-à-dire il a écrit *à vous.* — Je *leur* dois le respect, c'est-à-dire, je dois le respect *à eux* ou *à elles.*

§ 143. — *En* s'emploie pour *de lui, d'elle, d'eux, d'elles.* Ex. : J'ai vu votre mère, j'aime à *en* parler ; c'est-à-dire, à parler *d'elle.* — Voici des fruits, prenez-*en,* c'est-à-dire, prenez *d'eux.*

§ 144. — *Y* s'emploie pour *à lui, à elle, à eux, à elles, à cela.* Ex. : L'étude me charme, je m'*y* applique, c'est-à-dire, je m'applique *à elle.* — Ces fruits sont promis ; n'*y* touchez pas, c'est-à-dire, ne touchez pas *à eux.*

Remplacez chaque trait par le pronom convenable.

Ex. 222. La Belgique possède de magnifiques églises : les voyageurs — visitent avec empressement. — La France est très-fertile : une foule de rivières — arrosent. — Les vins de la Bourgogne sont très-estimés : les étrangers — recherchent. — La Suisse est un pays ravissant : les Alpes — séparent de l'Italie. — La Gaule[1] était une contrée très-riche ; les Romains — conquirent. — Les Grecs étaient divisés et amollis[2] ; les Romains — vainquirent.

LE CHAT.

Remplacez le trait — par un pronom de la 3ᵉ personne du singulier.

Ex. 223. Le chat est un domestique infidèle, et on ne — garde que par nécessité, pour — opposer à un autre ennemi plus incommode. Quoique — ait de la gentillesse [1], surtout quand — est jeune, — a en même temps un caractère faux, un naturel pervers [2], que l'âge augmente encore. De voleur [3] déterminé, — devient seulement, quand on — élève bien, souple [4] et flatteur comme un fripon [5].

Ex. 224. — a la même adresse, le même goût pour le mal. Comme lui, — sait dissimuler [6] son dessein [7] ; — a de la patience ; — sait attendre l'occasion de faire son coup, — dérobe [8] ensuite au châtiment et — tient éloigné jusqu'à ce qu'on — rappelle.

BUFFON.

Ex. 225. Remplacez partout *le chat* par *la chatte,* et faites les changements de pronom convenables.

LES CHATS.

Remplacez partout le trait — par le pronom convenable.

Ex. 226. Les chats sont des domestiques infidèles, et on ne — garde que par nécessité, pour — opposer à d'autres ennemis plus incommodes. Quoique — aient de la gentillesse, surtout quand — sont jeunes, — ont en même temps un caractère faux, un naturel pervers, que l'âge augmente encore. De voleurs déterminés, — deviennent seulement, quand on — élève bien, souples et flatteurs comme des fripons.

Ex. 227. — ont la même adresse, le même goût pour le mal. Comme eux, — savent dissimuler leur dessein ; — ont de la patience ; — savent attendre l'occasion de faire leur coup, — dérobent ensuite au châtiment, et — tiennent éloignés jusqu'à ce qu'on — rappelle.

Ex. 228. Remplacez *les chats* par *les chattes,* et faites les changements de pronom convenables.

QUESTIONNAIRE.

Quelle différence y a-t-il entre *le, la, les,* pronoms et *le, la, les,* articles ?

Pour quels mots s'emploient *me, te, se, nous, vous, le, la ?*

Pour quels mots s'emploient encore *me, te, se ?*

Pour quels mots s'emploient *en* et *y ?* Citez des exemples.

---

1. **Gentillesse,** manières gracieuses.

2. **Pervers,** méchant.

3. **Voleur déterminé,** qui ne craint rien, résolu.

4. **Souple,** qui sait se plier à toutes les volontés et à toutes les exigences.

5. **Fripon,** voleur adroit, qui plie facilement son caractère selon les besoins : de là le mot souple.

6. **Dissimuler,** cacher par une conduite réservée ce qu'on ne veut pas laisser apercevoir.

7. **Dessein,** projet, ce qu'on se propose de faire.

8. **Se dérober,** se soustraire au châtiment, éviter la punition par la fuite.

PRONOMS DÉTERMINATIFS.

§ 145. — Il y a cinq sortes de pronoms déterminatifs : ce sont les pronoms *démonstratifs*, les pronoms *possessifs*, les pronoms *conjonctifs*, les pronoms *interrogatifs*, et les pronoms *indéfinis*.

PRONOMS DÉMONSTRATIFS.

Otez votre habit; prenez celui-ci.

§ 146. — Les pronoms *démonstratifs*, sont ceux qui servent à *montrer* la personne ou la chose dont on parle.

Ex. : Otez votre habit, prenez **celui-ci,** c'est-à-dire, l'habit que je vous montre.

Les pronoms démonstratifs sont :

SINGULIER.			PLURIEL.	
Masculin.		*Féminin.*	*Masculin.*	*Féminin.*
Ce.	Celui.	Celle.	Ceux.	Celles.
Ceci.	Celui-ci.	Celle-ci.	Ceux-ci.	Celles-ci.
Cela.	Celui-là.	Celle-là.	Ceux-là.	Celles-là.

REMARQUE. — Il ne faut pas confondre *se,* pronom personnel, avec *ce,* pronom démonstratif.

Se, pronom personnel, s'écrit avec un *s,* et il peut se tourner par *soi, à soi, lui, à lui, elle, à elle, eux, elles,* etc.

Ex. : Ils *se* battent, c'est-à-dire, ils battent *eux;* ils *se* nuisent, c'est-à-dire, ils nuisent *à eux.*

Ce, adjectif démonstratif, s'écrit avec un *c,* et il est toujours suivi d'un nom; pronom démonstratif, il est suivi de *qui, que, quoi, dont,* ou du verbe *être.*

Ex. : *Ce* cheval, *ce* mouton. *Ce qui* me plaît, *c'est* la chasse.

Ex. 229. Remplacez les points par les pronoms démonstratifs convenables. **Ex. : La rose est** *celle* **que je préfère.**

De toutes les fleurs, la rose est... que je préfère. — Quelle étoffe voulez-vous prendre ? ...ci est bleue; ...-là est violette. — Ces enfants sont... qui ont chanté hier. — Votre conduite est... d'un enfant sans cœur. — Ces belles voitures sont... de mon maître.—Un beau clocher à voir, c'est ... de Chartres; une grosse cloche à entendre, c'est ... de Rouen. — Les cornes sont la défense du taureau, les griffes sont... du chat.

1ᵉ Remplacez lion et tigre, partout où ils sont soulignés, par les pronoms *celui-ci* ou *celui-là,* selon la place qu'ils occupent. *Celui-ci, celle-ci,* désignent l'objet le plus proche ; *celui-là, celle-là,* désignent le plus éloigné.

LE LION ET LE TIGRE.

Ex. 230. Dans la classe des animaux carnassiers [1], le lion est le premier, le tigre est le second. A la fierté, à la force, *le lion* joint la noblesse et la clémence [2] ; *le tigre* au contraire est cruel sans nécessité. Aussi le tigre est-il plus à craindre que le lion. *Le lion* oublie souvent qu'il est le plus fort des animaux ; *le tigre*, quoique rassasié de chair, est toujours altéré de sang.

Ex. 231. *Le lion* ne chasse que quand la faim le presse ; *le tigre*, au contraire, déchire une nouvelle proie avec la même rage qu'il vient d'exercer. *Le lion* a l'air noble ; *le tigre* est trop bas sur ses jambes ; le regard *du lion* est assuré ; l'œil *du tigre* est hagard ; la démarche *du lion* est majestueuse ; *le tigre* a tous les caractères de la cruauté.   BUFFON.

Ex. 232. 2° Remplacez lion et tigre par *lionne* et *tigresse*, et faites les modifications de genre nécessaires.

Ex. 233. 3° Remplacez lionne, tigresse, partout où *lion* et *tigre* sont en italique, par *celle-ci, celle-là*, suivant la place que les noms occupent.

Ex. 234. 4° Remplacez lionne, tigresse, par *lionnes, tigresses*, et faites les modifications nécessaires.

Ex. 235. 5° Remplacez lionnes, tigresses, par *celles-ci, celles-là*, suivant la place que ces noms occupent.

LES NIDS DES OISEAUX.

Mettez au pluriel les mots en *italique*.

Ex. 236. Aussitôt que *l'arbre développe* ses feuilles, *l'oiseau commence ses* travaux. *Celui-ci porte une longue paille* dans le *trou* d'un vieux mur ; *celui-là maçonne* un bâtiment *à la fenêtre* d'une église ; *celui-ci dérobe quelque crin* à une cavale ; *celui-là emporte le brin* de laine *enlevé à la brebis* par *la ronce*. *Le palais s'élève*, et *ce palais est un nid* : on y voit d'abord *un œuf brillant*, puis *un petit couvert* de duvet [3].

Ex. 237. *Ce nourrisson se couvre de plume* ; *sa mère lui apprend* à se soulever petit à petit. *Celui-ci ose se percher sur le bord* de *sa couche* [4] ; *celui-là jette* un premier coup d'œil sur la nature. *Effrayé* et *ravi, il se précipite* parmi *ses* frères qui n'ont pas encore vu ce spectacle ; mais, *rappelé* par *sa mère, il quitte* une seconde fois le nid, et *ce jeune roi de l'air ose* déjà s'élancer vers *le ciel*.   CHATEAUBRIAND.

QUESTIONNAIRE.

Combien y a-t-il de sortes de pronoms déterminatifs ?	Quels sont les pronoms démonstratifs ?
Définissez les pronoms démonstratifs ?	Quelle différence y a-t-il entre *se* et *ce* ?

---

1. **Carnassier**, qui se nourrit de chair.

2. **Clémence**, qualité qui porte à pardonner.

3. **Duvet**, premières plumes des oiseaux, très-menues et très-légères.

4. **Sa couche**, c.-à-d., son nid.

PRONOMS POSSESSIFS.

Ce livre est le mien.

§ 147. — Les pronoms *possessifs* sont ceux qui servent à marquer la *possession* de la personne ou de la chose dont on parle.

Ex. : Ce livre est le **mien**, c'est-à-dire, est *à moi*.

J'ai mon chapeau, voici le **vôtre,** c'est-à-dire, celui qui est *à vous*.

Les pronoms possessifs sont :

SINGULIER.		PLURIEL.	
Masculin.	*Féminin.*	*Masculin.*	*Féminin.*
Le mien.	La mienne.	Le miens.	Les miennes.
Le tien.	La tienne.	Les tiens.	Les tiennes.
Le sien.	La sienne.	Les siens.	Les siennes
Le nôtre.	La nôtre.	Les nôtres.	Les nôtres.
Le vôtre	La vôtre.	Les vôtres.	Les vôtres.
Le leur.	La leur.	Les leurs.	Les leurs.

REMARQUE. — On voit que les pronoms possessifs *le nôtre, le vôtre*, ont un accent circonflexe sur l'*o*, tandis que les adjectifs possessifs *notre, votre*, ne prennent pas d'accent.

Ex. 238. Complétez les mots en italique.

A qui sont ces chevaux ? ce sont *les m...* — Prenons nos cannes ; je prends *la m...*, voici *la t...* — A chacun son bien, à vous *le v...*, à toi *le t...*, à elle *le s...*, à moi *le m...*, à eux *le l...* — Voyez-vous ces champs ? ce sont *les m...* — Prenez donc mon cheval, ne me suis-je pas servi du *v...*? — Dites-moi vos peines, ne vous ai-je pas conté *les m...*? — Mes aiguilles sont trop fines, *les v...* sont trop fortes. — Respectez toutes les mères, et surtout *la v...* — Ces chevaux sont plus beaux que *les m...* — A qui sont ces ciseaux ? ce sont *les m....*

Remplacez le tiret — par le possessif convenable.

Ex. **239.** Si *notre* voisin ferme — porte aux pauvres, ouvrons leur —. En fait de ridicules, chacun a — ; nos voisins ont —, et nous avons —. — L'égoïste ne s'occupe pas des affaires des autres ; il fait d'abord —. Les Anglais sont fiers de — marine ; elle est plus nombreuse que —, mais non plus puissante. Ecoute l'opinion des autres, mais ne renonce pas pour cela à —, si tu la crois meilleure que —. Si *ton* ennemi a flétri — réputation, ce n'est pas une raison pour flétrir —.

LES PLANTES.

Ex. 240. Admirez les plantes qui naissent de la terre. Elles fournissent à l'homme sain — nourriture, et au malade — remèdes. — espèces et — vertus sont innombrables. Elles ornent la terre de — verdure, de — fleurs odoriférantes et de — fruits délicieux. Chacune d'ailleurs a — avantages et — utilité. Voyez-vous ces vastes forêts qui paraissent aussi anciennes que — monde ? Ces arbres s'enfoncent dans la terre par — racines, comme — branches s'élèvent vers le ciel.

Ex. 241. — racines les défendent contre les vents, et vont chercher, comme par de petits tuyaux souterrains, tous les sucs [1] destinés à la nourriture de — tige. — tige elle-même se revêt d'une dure écorce, et met ainsi — bois tendre à l'abri des injures [2] de l'air. — branches distribuent en divers canaux — séve, que les racines avaient réunie dans le tronc. En été, — rameaux nous protégent de — ombre contre les rayons du soleil ; en hiver ils nourrissent la flamme qui conserve — chaleur naturelle.

Ex. 242. — bois n'est pas seulement utile pour le feu : — matière douce, quoique solide, prend sous la main de l'homme toutes les formes qu'il lui plaît de donner à — ouvrages d'architecture et de navigation. De plus, — arbres fruitiers, en penchant — rameaux vers la terre, semblent nous offrir — fruits. Enfin, les arbres et les plantes, en laissant tomber — fruits ou — graines, se préparent autour d'eux une nombreuse postérité [3].

Fénelon.

Exercices lexicologiques.

Expliquez ce que désignent les mots suivants : *Irlande, Tunis, Richelieu, Italie, Angleterre, Colomb, Bourgogne, Picardie, Lorraine, Alsace, Seine, Loire, Garonne, Rhône.*

QUESTIONNAIRE.

Qu'entendez-vous par pronoms possessifs ?

Quels sont les pronoms possessifs ?

Quelle différence y a-t-il entre *notre* et *votre*, adjectifs et pronoms possessifs ?

---

1. **Suc**, liqueur substantielle. A l'aide de leurs racines, qui servent de suçoir, les végétaux pompent les sucs de la terre.

2. **Injures** est pris au figuré pour *dommages causés* par l'air.

3. **Postérité**, au figuré, désigne ici les jeunes arbres qui naissent de la graine des plus gros et les entourent comme des enfants.

PRONOMS RELATIFS OU CONJONCTIFS.

Un rosier qui fleurit.

§ 148. — Les pronoms *relatifs* sont ceux qui se *rapportent* à un nom précédemment exprimé.

Ex. : Un rosier **qui** fleurit; une maison **que** l'on construit;

Qui se rapporte à *rosier; que* se rapporte à *maison : qui, que,* sont des pronoms relatifs.

Le nom ou le pronom auquel *qui* ou *que* se rapporte, s'appelle *antécédent.* Ainsi, *rosier* est l'antécédent de *qui; maison* est l'antécédent de *que.*

§ 149. — Les pronoms relatifs sont :

Qui, que, quoi, dont, des deux genres et des deux nombres.

Qui : Un *rossignol qui* chante. Une *hirondelle qui* gazouille. Des *merles qui* sifflent.

Que : Le *rosier que* je plante. La *graine que* je sème. Les *arbres que* je taille.

Dont : L'*homme dont* je parle. La *robe dont* je me pare. Les *enfants dont* je me plains.

§ 150. — Les autres pronoms relatifs sont :

SINGULIER.		PLURIEL.	
Masculin.	*Féminin.*	*Masculin.*	*Féminin.*
Lequel.	Laquelle.	Lesquels.	Lesquelles.
Duquel.	De laquelle.	Desquels.	Desquelles.
Auquel.	A laquelle.	Auxquels.	Auxquelles.

PRONOMS INTERROGATIFS.

Voici deux pommes; laquelle voulez-vous ?

§ 151. — Les pronoms interrogatifs sont les mêmes que les pronoms conjonctifs.

Ex. : Voici deux pommes; *laquelle* voulez-vous?

§ 152. — On reconnaît que les pronoms *qui, que, quoi,* sont interrogatifs, quand ils n'ont point d'antécédent et qu'ils équivalent à *quelle personne? quelle chose?*

Ex. : *Qui* a dit cela? *Que* voulez-vous? A *quoi* pense-t-il?

Remplacez le trait — par le relatif convenable.

Ex. 243. Le thé est un arbre — croît dans la Chine [1]. — Nous devons au laboureur le pain — nous nous nourrissons. — C'est Christophe Colomb [2] — a découvert l'Amérique. — Le pays — nous habitons s'appelait jadis la Gaule. — Dieu — la providence conserve tout, a tout créé. — Ne fréquentez que les enfants — le cœur est pur. — Charlemagne [3], — est le patron des écoliers, a fondé beaucoup d'écoles. — Heureux l'enfant — plaît le travail !

Réunissez deux à deux les propositions suivantes : Exemple : Dieu est bon — Dieu aime les hommes. Ecrivez : Dieu, qui aime les hommes, est bon.

Ex. 244. Le travail console l'homme. — Le travail est la source du bonheur.

L'étude ennoblit le cœur. — L'étude est la plus belle des distractions.

Colomb était hardi. — Colomb a découvert l'Amérique.

Guttemberg était ingénieux. — Guttemberg a inventé l'imprimerie.

La Seine est un grand fleuve. — La Seine traverse Paris.

Le Rhône est très-rapide. — Le Rhône se jette dans la Méditerranée.

A l'aide d'un pronom interrogatif, transformez les phrases suivantes en phrases interrogatives. MODÈLE : Dieu a créé le monde. ECRIVEZ : Qui a créé le monde ? Dieu.

Ex. 245. Le *travail* enrichit les hommes. — Nous devons travailler à notre *salut*. — Nous devons éviter la *paresse*. — Nous devons imiter l'*exemple* des gens de bien. — Vous devez obéir à vos *parents* et à vos *maîtres*. — Tous les hommes doivent penser à la *mort*. — Moïse a écrit le *Décalogue* [4]. — Les apôtres ont écrit les *Evangiles*. — *Saint Jean* a écrit l'Apocalypse [5]. — *Fénelon* a écrit le *Télémaque*. — *Racine* est l'auteur d'Athalie.

QUESTIONNAIRE.

Quels sont les pronoms relatifs ?
Comment nomme-t-on le mot auquel ils se rapportent ?
Nommez les principaux pronoms relatifs ou conjonctifs.
Citez-en encore d'autres.
Comment reconnaît-on que ces pronoms sont interrogatifs ?

---

1. **Chine,** vaste contrée à l'est de l'Asie.
2. **Colomb,** v. page 11, n. 8.
3. **Charlemagne,** roi de France, fils de Pepin le Bref (768-814).
4. **Moïse,** législateur du peuple hébreu, reçut de Dieu les dix commandements.
5. **Apocalypse,** livre qui renferme les révélations de saint Jean.

Pronoms indéfinis.

Nul n'est heureux ici-bas.

§ 153. — Les pronoms *indéfinis* servent à désigner d'une manière *vague* une personne ou une chose.

Ex. : **Nul** n'est heureux ici-bas : **quelqu'un** vous appelle.

Dans ces phrases, on ne sait de qui je veux parler.

§ 154. — Les pronoms indéfinis sont :

On.	Chacun.	Autrui.
Personne.	Quelqu'un.	L'un l'autre.
Rien.	Quiconque.	Les uns les autres.

Le, en, y.

§ 155. — Aux pronoms, soit personnels, soit déterminatifs, se rattachent les pronoms *le, en, y*, tous trois invariables.

I. *Le* représente *ceci, cela, cette chose* : Venez ici, je *le* veux ; c'est-à-dire je veux *cela*.

II. *En* représente *de lui, d'elle, d'eux, d'elles, de cela :* J'ai vu l'Italie ; j'aime à *en* parler. Voici des fruits, prenez-*en*.

III. *Y* représente *à lui, à elles, à eux, à elles, à cela :* C'est un fourbe, ne vous *y* fiez pas. L'étude me charme, je m'*y* applique.

Ex. **246.** Copiez l'exercice suivant, et soulignez les pronoms indéfinis.

Le bien d'autrui tu ne prendras. — Quelqu'un est-il venu ? — Ces petites filles ont reçu une robe chacune. — Chacun va aux champs. — Quiconque de vous, mesdemoiselles, ne fera rien, ne viendra pas à la promenade. — On est heureux quand on a fait une bonne action. — Quelle barbarie que d'acheter et de vendre les nègres ! On les entasse au fond d'un navire, quelquefois on les met dans des tonneaux ; et, si le navire est visité, chacun les jette à la mer ! — Tout le monde veut parler, et l'on n'entend personne. — Pardonnez-vous les uns aux autres.

Récapitulation sur les adjectifs et les pronoms déterminatifs.

UN MONDE D'INSECTES SUR UN FRAISIER.

Invention. — Remplacez le trait par un déterminatif convenable.

Ex. 247. — jour d'été, j'aperçus sur — fraisier qui était venu par hasard sur — fenêtre, de petites mouches si jolies, que l'envie me prit de — décrire. Le lendemain j'en vis d' — — sorte, — je décrivis encore. J'— observai, pendant trois semaines, trente-sept espèces, — différentes; mais il en vint, à la fin, en si grand nombre et d'— si grande variété, que je laissai là — étude, quoique très-amusante, parce que je manquais de loisir[1].

Ex. 248. — mouches que j'avais observées étaient distinguées les — des — par — couleurs, — formes et — allures[2]. Il y — avait de dorées, d'argentées, de bronzées, de rayées, de bleues, de vertes. Les — avaient la tête arrondie comme — turban[3]; — l'avaient allongée en pointe de clou. A quelques —, elle paraissait obscure comme — point de velours noir; elle étincelait à — comme — rubis[4]. Il n'y avait pas moins de variété dans — ailes.

Ex. 249. Quelques- — en avaient de longues et brillantes, comme — lames de nacre[5]; — en avaient de courtes et de larges, qui ressemblaient à — réseaux de la plus fine gaze[6]. Chacune avait — manière de les porter et de s'— servir. Les — abordaient sur — plante pour y déposer — œufs; — s'y réfugiaient simplement pour se mettre à l'abri — soleil. Mais la plupart y venaient pour — raisons qui m'étaient inconnues.   B. DE SAINT-PIERRE.

QUESTIONNAIRE.

A quoi servent les pronoms indéfinis?	Que représente *le?*
Quels sont les pronoms indéfinis?	Que représente *en?*
	Que représente *y?*

1. **Loisir**, temps dont on peut disposer sans manquer à ses devoirs.
2. **Allure**, démarche.
3. **Turban**, coiffure des Arabes et des turcs.
4. **Rubis**, pierre précieuse de couleur rouge. Ce mot dérive d'un mot latin dont la racine (*rub*) veut dire *rouge*.
5. **Nacre**, substance brillante qui garnit l'intérieur des coquilles.
6. **Gaze**, étoffe transparente.

Règles d'accord du pronom.

RÈGLE DES PRONOMS PERSONNELS.

§ 156. — Les pronoms *il, elle, ils, elles,* s'accordent en genre et en nombre avec le nom dont ils tiennent la place.

Ainsi, en parlant de la tête, dites : **Elle** me fait mal; *elle,* parce que ce pronom se rapporte à *tête,* qui est du féminin et du singulier. En parlant de plusieurs jardins, dites : **ils** sont beaux; *ils,* parce que ce pronom se rapporte à *jardins,* qui est du masculin et du pluriel.

RÈGLE DES PRONOMS RELATIFS.

§ 157. — Les pronoms relatifs *qui, que, lequel,* etc., s'accordent avec leur antécédent en *genre,* en *nombre* et en *personne.* Ainsi, dans cet exemple : *l'enfant qui joue, qui* est du singulier et de la troisième personne : il est du masculin, si c'est un petit garçon qui joue; il est du féminin, si c'est une petite fille.

Remplacez les mots entre parenthèses par le pronom convenable.

Ex. 250. Saint Basile disait à l'avare : « Le pain et le vin *(lesquels)* vous tenez enfermés sont à celui *(lequel)* a faim; l'habit *(duquel)* vous n'usez pas est à celui *(lequel)* est nu. » — Nous n'admirons pas les choses *(à lesquelles)* nous sommes habitués. — L'odorat subtil du chien est indifférent à bien des parfums *(à lesquels)* l'homme est sensible. — L'envie est un hommage *(lequel)* l'infériorité rend au mérite. — Lyon est une ville *(de laquelle)* les fabriques sont la principale richesse.

LÉGENDE ORIENTALE.

Remplacez les tirets — par les pronoms convenables.

Ex. 251. Un roi de l'Orient [1] fit comparaître devant — un jour ses trois fils. — fit apporter devant — trois urnes [2] scellées. — de ces urnes était d'or, — d'ambre [3], la dernière d'argile. Le roi dit à l'aîné de ses fils de choisir parmi ces urnes celle — lui paraîtrait contenir le trésor le plus précieux.

Ex. 252. L'aîné choisit le vase d'or, sur — était écrit *Empire :*

---

1. **Orient**, pays situés du côté où le soleil nous semble se lever (l'Asie).

2. **Urne**, vase antique qui servait souvent à contenir les cendres des morts. — **Scellé**, fermé et cacheté.

3. **Ambre**, substance jaune et résineuse dont on orne les objets précieux.

il — ouvrit et — trouva plein de sang. Le second prit le vase d'ambre, sur — était écrit *Gloire*; — l'ouvrit et — trouva plein de la cendre des hommes — avaient fait parler d' — dans le monde. Le troisième prit le vase d'argile; il — ouvrit, et — trouva vide; mais, au fond, le potier avait écrit le saint nom de *Dieu*.

Ex. 253. « — de ces vases pèse le plus? » demanda le roi à sa cour. Les ambitieux répondirent que — était le vase d'or; les poëtes[1] et les conquérants, que — était le vase d'ambre; les sages, que — était le vase vide, parce qu'une seule lettre du nom de *Dieu* pesait plus que le globe de la terre.

LAMARTINE.

Modèle d'analyse.

L'ABEILLE ET LA MOUCHE.

Un jour une abeille aperçut une mouche auprès de sa ruche. « *Que* viens-*tu* faire ici? lui dit-*elle* d'un ton furieux. Vraiment, c'est bien à toi, vil animal, à te mêler avec les reines de l'air!— Tu as raison, répondit froidement *celle-ci* : *on* a toujours tort de s'approcher d'une nation aussi fougueuse que *la vôtre*.

Que	pron. interrog. masc. sing. mis pour *quelle chose?*
tu	pron. pers. 2ᵉ pers. fém. sing. mis pour *mouche*.
elle	pron. pers. 3ᵉ pers. fém. sing. mis pour *abeille*.
celle-ci	pron. démonstr. fém. sing. mis pour *mouche*
on	pron. indéfini masculin sing.
s'	pour *soi*, pron. pers. 3ᵉ pers. m. sing.
la vôtre	pron. possessif fém. sing. mis pour *nation*.

Analysez de même les pronoms indiqués.

Ex. 254. Rien n'est plus sage que *nous*, dit l'abeille; *nous* ne broutons que les fleurs odoriférantes; *nous* ne faisons que du miel délicieux, *qui* égale le nectar[2]. Ote-*toi* de ma présence, vilaine mouche, *qui* ne te nourris que d'ordures.

Ex. 255. Chacun vit comme *il* peut, répondit la mouche : *Vous* faites du miel *qui* est doux, mais votre cœur est toujours amer ; votre colère, *qui* pique vos ennemis, *vous* donne la mort. J'aime mieux avoir des qualités moins éclatantes avec plus de modération.

QUESTIONNAIRE.

Quelle est la règle d'accord des pronoms personnels?	Comment les pronoms relatifs s'accordent-ils avec leur antécédent?

---

1. **Poëte,** qui fait des vers. Ainsi *Lamartine* est un poëte contemporain.   2. **Nectar,** boisson des dieux de la Fable : au figuré, liqueur délicieuse.

CHAPITRE IV

DU VERBE.

§ **158**. — On a vu que le nom désigne les personnes et les choses, et que l'adjectif sert à les qualifier : *Paris beau*.

Mais ces deux mots ne suffisent pas pour exprimer une pensée complète.

Si l'on juge que la qualité de *beau* convient à *Paris*, il faut recourir à un troisième mot, et dire : Paris *est* beau. Ce troisième mot, c'est le *verbe*.

La personne ou la chose qui est l'objet du jugement, s'appelle *sujet* (Paris).

La qualité que l'on juge convenir au sujet, se nomme *attribut* (beau).

Le *verbe* est le mot par lequel on affirme que l'attribut convient au *sujet* (est).

La réunion de ces trois termes : *sujet, verbe, attribut,* forme une *proposition*.

§ **159. Verbes attributifs.** — Le verbe par excellence, c'est le verbe *être*.

§ **160**. — Les autres verbes renferment logiquement en eux-mêmes le verbe *être* et un attribut ; on les nomme *verbes attributifs*.

Ainsi, quand on dit : L'enfant *court*, la pluie *tombe*, c'est comme s'il y avait : l'enfant *est courant*, la pluie *est tombant*.

§ **161**. — On reconnaît qu'un mot est un verbe quand on peut y ajouter les pronoms *je, tu, il, nous, vous, ils*. Ainsi le mot *lire* est un verbe, parce qu'on peut dire : *je lis, tu lis, il lit, nous lisons, vous lisez, ils lisent*.

Sujet du verbe.

§ **162**. — Le sujet est la personne ou la chose qui fait l'action exprimée par le verbe.

Ex. : *L'enfant* court.
La pluie tombe.

On trouve le sujet d'un verbe en faisant la question *qui est-ce qui*, pour les personnes, et *qu'est-ce qui*, pour les choses, devant le verbe. *Qui est-ce qui* court? *l'enfant ; l'en*-fant est le sujet du verbe *court*. — *Qu'est-ce qui* tombe? *la pluie ; la pluie* est le sujet du verbe *tombe*.

Complément du verbe.

§ 163. — On appelle *complément* du verbe le mot qui *complète* l'idée exprimée par le verbe.

Ex. : J'aime *Dieu ;* il mange *un fruit.*

§ 164. — Il y a trois espèces de compléments : le complément *direct,* le complément *indirect* et le complément *circonstanciel.*

§ 165. — On trouve le complément direct en faisant la question **qui?** pour les personnes, et **quoi?** pour les choses, après le verbe.

Ex. : J'aime Dieu. Il mange un fruit. — J'aime qui? Dieu ; *Dieu* est le complément direct de *j'aime.* — Il mange quoi? un fruit ; *un fruit* est le complément direct de *il mange.*

§ 166. — On trouve le complément indirect en faisant l'une des questions à *qui?* de *qui?* pour *qui?* etc., pour les personnes ; à *quoi?* de *quoi?* pour *quoi?* etc., pour les choses.

Ex. : J'ai donné un livre *à Pierre.* Nous parlons *de vous.* — J'ai donné un livre à qui? à Pierre ; nous parlons de qui? de vous. — *A Pierre, de vous,* sont les compléments indirects des verbes *j'ai donné, nous parlons.*

§ 167. — Il y a encore le complément *circonstanciel,* qui exprime la cause, la manière, le temps, le lieu.

Ex. : Il est mort *de faim.* Il viendra *dimanche.* J'irai *à Rome.*

On trouve le complément circonstanciel en faisant l'une des questions : *pourquoi? comment? quand? où?* Il viendra quand? dimanche. J'irai où? à Rome.

§ 168. — Il y a quatre choses à considérer dans les verbes : les *nombres,* les *personnes,* les *temps,* et les *modes.*

Nombres.

§ 169. — Il y a deux nombres dans les verbes, comme dans les noms :

Le *singulier,* quand il s'agit d'une seule personne ou d'une seule chose : *je lis, l'enfant dort.*

Le *pluriel,* quand il s'agit de plusieurs personnes ou de plusieurs choses : *nous lisons, les enfants dorment.*

Personnes.

§ 170. — Il y a trois personnes dans les verbes, et ces personnes sont indiquées par les noms ou les pronoms.

Je, nous, marquent la première personne, c'est-à-dire, celle qui parle ; *je lis, nous lisons.*

Tu, vous, marquent la deuxième personne, c'est-à-dire, celle à qui l'on parle : *tu lis, vous lisez.*

Il, elle, ou un *nom* au singulier, *ils, elles,* ou un *nom* au pluriel, marquent la troisième personne : *Il* ou *elle lit, l'enfant lit; ils* ou *elles lisent, les enfants lisent.*

Temps.

§ 171. — Il y a trois temps : le présent, le passé et le futur.

Le présent marque que la chose *est* ou *se fait* au moment de la parole, comme : *je lis.*

Le passé ou *parfait* marque que la chose *a été faite,* comme : *j'ai lu.*

Le futur marque que la chose *sera* ou *se fera,* comme : *je lirai.*

§ 172. — Il y a cinq sortes de passé ou parfait : l'*imparfait,* le *passé défini,* le *passé indéfini,* le *passé antérieur,* et le *plus-que-parfait.*

§ 173. — Il y a deux futurs : le *futur simple* et le *futur antérieur.*

§ 174. — Les temps se divisent en *temps simples* et en *temps composés.*

I. On appelle *temps simples* les temps qui se forment sans le secours d'un verbe auxiliaire : *J'ai, je suis, je marche, tu jouais, il dormit.*

II. On appelle *temps composés* les temps qui se forment à l'aide d'un verbe auxiliaire : *Je suis tombé, j'ai marché.*

Modes.

§ 175. — Il y a *six* modes en français : l'*indicatif,* le *conditionnel,* l'*impératif,* le *subjonctif,* l'*infinitif* et le *participe.*

Radical et terminaison.

§ 176. — On distingue dans les verbes le *radical* et la *terminaison*.

I. Le *radical* est la première partie du verbe, celle qui ne change pas. Ainsi, dans **aim**er, nous **aim**erons, ils **aim**eraient, le radical est *aim*.

II. La *terminaison* est la seconde partie du verbe, celle qui change suivant le nombre, la personne, le temps et le mode. Ainsi dans *aim* **er**, nous *aim* **erons**, ils *aim* **eraient**, les terminaisons sont *er*, *erons*, *eraient*.

Conjugaisons.

§ 177. — Réciter de suite les différents modes d'un verbe avec tous leurs temps, leurs nombres et leurs personnes, cela s'appelle *conjuguer*.

§ 178. — Il y a quatre espèces de conjugaisons, que l'on distingue entre elles par la terminaison du présent de l'infinitif.

La première conjugaison a le présent de l'infinitif terminé en **er**, comme *aim* **er**.

La deuxième, en **ir**, comme *fin* **ir**.

La troisième, en **oir**, comme *recev* **oir**.

La quatrième, en **re**, comme *rend* **re**.

DES DIFFÉRENTES SORTES DE VERBES.

§ 179. — On distingue cinq sortes de verbes : les verbes *actifs* ou *transitifs*, les verbes *passifs*, les verbes *neutres* ou *intransitifs*, les verbes *réfléchis* ou *pronominaux*, les verbes *impersonnels*.

Verbes actifs ou transitifs.

§ 180. — Le verbe *actif* est celui qui exprime une action faite par le sujet et qui a un complément direct.

Ex. : J'*aime* Dieu.

Le chat *mange* la souris.

§ 181. — On reconnaît qu'un verbe est actif, quand on peut mettre après ce verbe *quelqu'un* ou *quelque chose :* *aimer*, *manger* sont des verbes actifs, parce qu'on peut dire *aimer quelqu'un*, *manger quelque chose*.

Verbes auxiliaires.

§ 182. — Il y a deux verbes qui aident à conjuguer tous les autres ; on les nomme pour cette raison *verbes auxiliaires :* c'est le verbe *avoir* et le verbe *être*.

En voici les tableaux.　4.

§ **183.** — *Verbe auxiliaire* **AVOIR.**

Mode Indicatif.

	TEMPS SIMPLES.		TEMPS COMPOSÉS.

PRÉSENT.

S. J'   ai.
   Tu   as.
   Il *ou* elle   a.
P. Nous   avons.
   Vous   avez.
   Ils *ou* elles ont.

PASSÉ INDÉFINI.

S. J'ai   eu.
   Tu as   eu.
   Il *ou* elle a   eu.
P. Nous avons   eu.
   Vous avez   eu.
   Ils *ou* elles ont   eu.

IMPARFAIT.

S. J'   avais.
   Tu   avais.
   Il *ou* elle   avait.
P. Nous   avions.
   Vous   aviez.
   Ils *ou* elles avaient.

PLUS-QUE-PARFAIT.

S. J'avais   eu.
   Tu avais   eu.
   Il *ou* elle avait   eu.
P. Nous avions   eu.
   Vous aviez   eu.
   Ils *ou* elles avaient eu.

PASSÉ DÉFINI.

S. J'   eus.
   Tu   eus.
   Il *ou* elle   eut.
P. Nous   eûmes.
   Vous   eûtes.
   Ils *ou* elles eurent.

PASSÉ ANTÉRIEUR.

S. J'eus   eu.
   Tu eus   eu.
   Il *ou* elle eut   eu.
P. Nous eûmes   eu.
   Vous eûtes   eu.
   Ils *ou* elles eurent eu.

FUTUR.

S. J'   aurai.
   Tu   auras.
   Il *ou* elle   aura.
P. Nous   aurons.
   Vous   aurez.
   Ils *ou* elles auront.

FUTUR ANTÉRIEUR.

S. J'aurai   eu.
   Tu auras   eu.
   Il *ou* elle aura   eu.
P. Nous aurons   eu.
   Vous aurez   eu.
   Ils *ou* elles auront eu.

Mode Conditionnel.

	PRÉSENT.			PASSÉ (1re FORME).	

S. J'   aurais.
   Tu   aurais.
   Il *ou* elle   aurait.
P. Nous   aurions.
   Vous   auriez.
   Ils *ou* elles   auraient.

S. J'aurais   eu.
   Tu aurais   eu.
   Il *ou* elle aurait   eu.
P. Nous aurions   eu.
   Vous auriez   eu.
   Ils *ou* elles auraient eu.

PASSÉ (2e forme).

J'eusse   eu.
Tu eusses   eu.
Il *ou* elle eût eu.

Nous eussions   eu.
Vous eussiez   eu.
Ils *ou* elles eussent eu.

Mode Impératif.

S. 2e *pers.* Aie.

P. 1re *pers.* Ayons.
   2e *pers.* Ayez.

Mode Subjonctif.

PRÉSENT.

S. Que j'   aie.
   Que tu   aies.
   Qu'il *ou* qu'elle ait.
P. Que nous   ayons.
   Que vous   ayez.
   Qu'ils *ou* qu'elles aient.

PASSÉ.

S. Que j'aie   eu.
   Que tu aies   eu.
   Qu'il *ou* qu'elle ait   eu.
P. Que nous ayons   eu.
   Que vous ayez   eu.
   Qu'ils *ou* qu'elles aient eu.

IMPARFAIT.

S. Que j'   eusse.
   Que tu   eusses.
   Qu'il *ou* qu'elle eût.
P. Que nous   eussions.
   Que vous   eussiez.
   Qu'ils *ou* qu'elles eussent.

PLUS-QUE-PARFAIT.

S. Que j'eusse   eu.
   Que tu eusses   eu.
   Qu'il *ou* qu'elle eût   eu.
P. Que nous eussions   eu.
   Que vous eussiez   eu.
   Qu'ils *ou* qu'elles eussent eu.

Mode Infinitif.

PRÉSENT.

Avoir.

PASSÉ.

Avoir eu.

Mode Participe.

PRÉSENT.

Ayant.

PASSÉ.

Eu, eue, ayant eu.

Règles d'accord du verbe avec le sujet.

§ 184. — Tout verbe s'accorde en nombre et en personne avec son sujet.

Ex. : *Je parle;* — *parle* est au singulier et à la première personne, parce que *je*, sujet, est au singulier et à la première personne.

Ils parlent; — *parlent* est au pluriel et à la troisième personne, parce que le sujet *ils* est au pluriel et à la troisième personne.

§ 185. — Quand un verbe à deux sujets au singulier, on met ce verbe au pluriel, parce que deux singuliers valent un pluriel. **Ex. :** Mon frère et ma sœur lis**ent**; Pierre et Paul jou**ent**.

Ex. **256.** Mettez les verbes suivants à la 1re personne du pluriel. Ecrivez : *Nous avons.*

J'ai.	J'eus eu.	J'aurais.	Que j'eusse.
J'avais.	J'avais eu.	J'aurais eu.	Que j'aie eu.
J'eus.	J'aurai.	J'eusse eu.	Que j'eusse eu.

Copiez les exercices suivants, et mettez au pluriel les mots en *italique.*

Ex. **257.** *L'homme a* une âme et un corps. — *Le Français a* du courage, *l'Anglais a* de la ténacité. — Si *tu as* de la valeur, Dieu le verra bien. — *Aie* de la patience, et *tu auras* plus de force. — *Tu auras* du bonheur, si *tu as* peu de désirs.

L'ANE.

Présent de l'indicatif. — Mettez au pluriel, dans les exercices suivants, les mots indiqués.

Ex. **258.** Sans doute *l'âne* n'*a* point la noblesse du cheval; mais *il a ses qualités. L'âne a* la patience, *il a* la sobriété [1] en partage. *Il a* enfin toutes les qualités de *sa* nature ; et s'*il n'a* pas le premier rang dans nos fermes, *il a* certainement le second. *Il a* même *la jambe* plus *sèche* et plus *nette* que *le cheval.*

Ex. **259.** Dans *sa* première jeunesse, *il a* de la légèreté et de la gentillesse. *Il a* en outre l'œil bon, *le pied sûr*, *l'oreille excellente.* Sans doute, *il n'a pas* la majestueuse allure [2] *du cheval*; mais *il n'a pas* non plus les mêmes besoins. En un mot, *il a* son utilité, et, pour cette raison, *il a* droit à tous nos égards.

(*Ext. de* BUFFON).

Ex. **260.** Mettez les exercices précédents à la 2e personne du singulier du présent de l'indicatif. Ecrivez : Un fermier disait à son âne : Si *tu n'as* point la noblesse du cheval, *tu...*, etc.

---

1. **Sobriété,** tempérance dans le boire et dans le manger.

2. **Allure,** c'est-à-dire **démarche,** façon de marcher.

Ex. **261**. Mettez les exercices précédents à la 2ᵉ personne du pluriel du même temps. Écrivez : Des fermiers disaient à leurs ânes : *Si vous n'avez pas...,* etc.

Ex. **262**. Mettez les mêmes exercices à la 1ʳᵉ personne du singulier. Écrivez : Un âne disait : Si *je n'ai* pas..., etc.

Ex. **263**. Mêmes exercices à la 1ʳᵉ personne du pluriel. Écrivez : Des ânes disaient : Si *nous n'avons* pas..., etc.

Ex. **264**. **Imparfait de l'indicatif.** — Mettez les verbes soulignés à l'imparfait de l'indicatif, 3ᵉ personne du singulier.

Charlemagne *a* toutes les qualités qui font un grand roi. Il *a* une piété éclairée[1] ; il *a* un grand courage ; il *a* un esprit élevé[2] Il *a* aussi beaucoup de goût pour l'étude et une grande affection pour les savants.

Mettez les verbes aux autres personnes de l'imparfait de l'indicatif, et écrivez :

Ex. **265**. Charlemagne et Louis XIV *avaient* toutes les qualités...

Ex. **266**. Charlemagne mourant pouvait dire : *J'avais...* toutes les qualités.

Ex. **267**. Charlemagne et Louis XIV mourants pouvaient dire : *Nous avions...,* etc.

Ex. **268**. Un historien peut dire de Charlemagne : Puissant empereur, tu *avais...,* etc.

Ex. **269**. Un historien peut dire de Charlemagne : Puissant empereur, vous *aviez...,* etc.

Ex. **270-275**. **Passé défini.** — Mettez les 6 exercices précédents au passé défini, et écrivez : Charlemagne *eut...,* etc. Charlemagne et Louis XIV *eurent...,* etc.

Ex. **276**. Faites les mêmes exercices sur le passé indéfini, etc.

Subjonctif. — Remplacez le tiret — par le temps convenable du verbe avoir.

Ex. **277**. Pour plaire à ses maîtres, il faut que *l'élève* — de la docilité, il faut qu'il — de l'exactitude. Il est nécessaire aussi qu'il — un grand désir de s'instruire. Surtout il ne faut pas qu'il — cette légèreté ni cette négligence qui ne peuvent lui permettre de faire des progrès.

Ex. **278**. Remplacez *l'élève* par *les élèves* et mettez les verbes à la 3ᵉ personne du pluriel.

Ex. **279**. Remplacez *l'élève* par *tu*, et faites les changements nécessaires.

Ex. **280**. Remplacez *l'élève* par *vous*, et faites les changements nécessaires.

Ex. **281**. Remplacez *l'élève* par *je*, et faites les changements nécessaires.

Ex. **282**. Remplacez *l'élève* par *nous*, et faites les changements nécessaires.

Ex. **283-288**. **Parfait du subjonctif.** — Faites chacun des six exercices précédents en remplaçant le *présent*, par le *parfait* du subjonctif.

QUESTIONNAIRE.

Conjuguez le verbe *avoir* aux temps simples.

Conjuguez-le aux temps composés.

Comment le verbe s'accorde-t-il avec son sujet ?

Que fait-on quand un verbe a deux sujets au singulier ?

Citez des exemples.

---

1. **Éclairée**, c.-à-d., intelligente et exempte de superstition.

2. **Élevé**, qui conçoit de grandes pensées.

§ 186. — *Verbe auxiliaire* ÊTRE.

Mode Indicatif.

TEMPS SIMPLES.		TEMPS COMPOSÉS.	

PRÉSENT.

S. Je suis.
Tu es.
Il *ou* elle est.
P. Nous sommes.
Vous êtes.
Ils *ou* elles sont.

PASSÉ INDÉFINI.

S. J'ai été.
Tu as été.
Il *ou* elle a été.
P. Nous avons été.
Vous avez été.
Ils *ou* elles ont été.

IMPARFAIT.

S. J' étais.
Tu étais.
Il *ou* elle était.
P. Nous étions.
Vous étiez.
Ils *ou* elles étaient.

PLUS-QUE-PARFAIT.

S. J'avais été.
Tu avais été.
Il *ou* elle avait été.
P. Nous avions été.
Vous aviez été.
Ils *ou* elles avaient été.

PASSÉ DÉFINI.

S. Je fus.
Tu fus.
Il *ou* elle fut.
P. Nous fûmes.
Vous fûtes.
Ils *ou* elles furent.

PASSÉ ANTÉRIEUR.

S. J'eus été.
Tu eus été.
Il *ou* elle eut été.
P. Nous eûmes été.
Vous eûtes été.
Ils *ou* elles eurent été.

FUTUR.

S. Je serai.
Tu seras.
Il *ou* elle sera.
P. Nous serons.
Vous serez.
Ils *ou* elles seront.

FUTUR ANTÉRIEUR.

S. J'aurai été.
Tu auras été.
Il *ou* elle aura été.
P. Nous aurons été.
Vous aurez été.
Ils *ou* elles auront été.

Mode Conditionnel.

PRÉSENT.		PASSÉ (1re forme).	

PRÉSENT.

S. Je serais.
Tu serais.
Il *ou* elle serait.
P. Nous serions.
Vous seriez.
Ils *ou* elles seraient.

PASSÉ (1re forme).

S. J'aurais été.
Tu aurais été.
Il *ou* elle aurait été.
P. Nous aurions été.
Vous auriez été.
Ils *ou* elles auraient été.

PASSÉ (2e forme).

J'eusse été.
Tu eusses été.
Il *ou* elle eût été.

Nous eussions été.
Vous eussiez été.
Ils *ou* elles eussent été.

Mode Impératif.

S. 2e *pers.* Sois.

P. 1re *pers.* Soyons.
2e *pers.* Soyez.

Mode Subjonctif.

PRÉSENT.

S. Que je sois.
Que tu sois.
Qu'il *ou* qu'elle soit.
P. Que nous soyons.
Que vous soyez.
Qu'ils *ou* qu'elles soient.

PASSÉ.

S. Que j'aie été.
Que tu aies été.
Qu'il *ou* qu'elle ait été.
P. Que nous ayons été.
Que vous ayez été.
Qu'ils *ou* qu'elles aient été.

IMPARFAIT.

S. Que je fusse.
Que tu fusses.
Qu'il *ou* qu'elle fût.
P. Que nous fussions.
Que vous fussiez.
Qu'ils *ou* qu'elles fussent.

PLUS-QUE-PARFAIT.

S. Que j'eusse été.
Que tu eusses été.
Qu'il *ou* qu'elle eût été.
P. Que nous eussions été.
Que vous eussiez été.
Qu'ils *ou* qu'elles eussent été.

Mode Infinitif.

PRÉSENT.
Être.

PASSÉ.
Avoir été.

Mode Participe.

PRÉSENT.
Étant.

PASSÉ.
Été, ayant été.

Accord de l'attribut avec le sujet.

§ 187. — L'adjectif qui suit le verbe *être*, se nomme *attribut*.

§ 188. — L'attribut s'accorde en genre et en nombre avec le sujet.

Ex. : Pierre est *bon*. Marie est *bonne*.

L'attribut *bon* est au masculin et au singulier, parce que le sujet *Pierre* est du masculin et du singulier. — L'attribut *bonne* est au féminin et au singulier, parce que le sujet *Marie* est du féminin et du singulier.

§ 189. — Quand l'attribut se rapporte à plusieurs sujets, il se met au pluriel et prend le genre des sujets.

Ex. : Le père et le fils sont *bons*.

La mère et la fille sont *bonnes*.

§ 190. — Si les sujets sont de genres différents, l'attribut se met au pluriel masculin.

Ex. : Le frère et la sœur sont *contents*.

Le tigre et la panthère sont *cruels*.

La vertu et le vice sont *opposés*.

Exercices sur l'auxiliaire *ÊTRE*.

Ex. 289. Mettez la 1re personne du pluriel. Ex. : *Nous sommes.*

Je suis.	J'avais été.	J'eusse été.
J'étais.	Je serai.	Que je sois.
Je fus.	J'aurai été.	Que je fusse.
J'ai été.	Je serais.	Que j'aie été.
J'eus été.	J'aurais été.	Que j'eusse été

Ex. 290. Mettez la 2e personne du pluriel. Ex. : *Vous êtes.*

Tu es.	Tu avais été.	Tu eusses été.
Tu étais.	Tu seras.	Que tu sois.
Tu fus.	Tu auras été.	Que tu fusses.
Tu as été.	Tu serais.	Que tu aies été.
Tu eus été.	Tu aurais été.	Que tu eusses été.

Ex. 291. Mettez la 3e personne du pluriel. Ex. : *Ils sont.*

Il est.	Il avait été.	Il eût été.
Il était.	Il sera.	Qu'il soit.
Il fut.	Il aura été.	Qu'il fût.
Il a été.	Il serait.	Qu'il ait été.
Il eut été.	Il aurait été.	Qu'il eût été.

Copiez les exercices suivants, et mettez au futur simple les verbes en italique.
Modèle : *Je suis* brave. Ecrivez : *Je serai* brave.

Ex. 292. Je *suis* brave. — Tu *es* riche. — Il *est* mortel. — Elle *est* pauvre. — Nous *sommes* contents. — Vous *êtes* forts. — Ils *sont* robustes. — Elles *sont* faibles. — L'histoire *est* intéressante. — Les âmes *sont* immortelles.

Ex. 293. Tu *es* content. — Je *suis* heureux. — Il *est* innocent. — Elle *est* blâmable. — L'hiver *est* froid. — Nous *sommes* riches. — Vous *êtes* pauvres. — Les avares *sont* malheureux. — Les fermières *sont* laborieuses.

L'ÉCUREUIL.

Présent de l'indicatif. — 1° Remplacez le trait — par la 3ᵉ personne du sing. du verbe *être*.

Ex. 294. *L'écureuil — un joli petit animal. Il n'* — qu'à demi-*sauvage*, et par sa gentillesse et son innocence, *il — digne* d'être *épargné. Il n'* — ni *carnassier* ni *nuisible* ; *il — propre, leste, vif : il a les yeux pleins* de feu et *il —orné* d'une belle queue en forme de panache [1].

Ex. 295. *Il —*, pour ainsi dire, moins *quadrupède* [2] que les autres animaux. *Il — trop léger* pour marcher, et, au lieu de se tenir *caché* sous terre, *il —* toujours en l'air. En tout temps, *il — très-éveillé. Il a* la voix éclatante : *il a* aussi un petit grognement, qui se fait entendre quand *il — mécontent* ou *irrité*.

BUFFON.

Ex. 296. 2° Mettez les verbes à la 3ᵉ personne du pluriel. « Les écureuils sont... »

Ex. 297. 3° L'écureuil fait son portrait : Je suis un petit animal..., etc. Mettez les verbes à la 1ʳᵉ personne du singulier.

Ex. 298. 4° Les écureuils font leur portrait : Nous sommes de jolis.... etc. Mettez les verbes à la 1ʳᵉ personne du pluriel.

Ex. 299. 5° Un enfant dit à l'écureuil : Tu es un joli...

Ex. 300. 6° Un enfant dit aux écureuils : Vous êtes de jolis...

Ex. 301 à 330. Mettez les mêmes exercices à toutes les personnes de l'*imparfait*, du *passé défini*, du *passé indéfini*, du *futur simple* et du *conditionnel présent*. (Le maître indiquera la personne.)

QUESTIONNAIRE.

Conjuguez les temps simples du verbe *être* ?	Comment s'accorde l'attribut ?
Conjuguez les temps composés du verbe *être* ?	Que fait-on quand l'attribut se rapporte à plusieurs sujets ?
Comment se nomme l'adjectif qui suit le verbe *être* ?	Que fait-on si l'attribut se rapporte à des sujets de genres différents ? Citez des exemples.

---

1. **Panache**, plumet de couleurs différentes.

2. **Quadrupède**, animal qui a quatre pieds ou quatre pattes.

Première Conjugaison.

§ 191. — *Verbe* **AIM ER.** — *Radical* **Aim.**

Mode Indicatif.

TEMPS SIMPLES.		TEMPS COMPOSÉS.	
PRÉSENT.		**PASSÉ INDÉFINI.**	
J'	aim e.	J'ai	aim é.
Tu	aim es.	Tu as	aim é.
Il	aim e.	Il a	aim é.
Nous	aim ons.	Nous avons	aim é.
Vous	aim ez.	Vous avez	aim é.
Ils	aim ent.	Ils ont	aim é.
IMPARFAIT.		**PLUS-QUE-PARFAIT.**	
J'	aim ais.	J'avais	aim é.
Tu	aim ais.	Tu avais	aim é.
Il	aim ait.	Il avait	aim é.
Nous	aim ions.	Nous avions	aim é.
Vous	aim iez.	Vous aviez	aim é.
Ils	aim aient.	Ils avaient	aim é.
PASSÉ DÉFINI.		**PASSÉ ANTÉRIEUR.**	
J'	aim ai.	J'eus	aim é.
Tu	aim as.	Tu eus	aim é.
Il	aim a.	Il eut	aim é.
Nous	aim âmes.	Nous eûmes	aim é.
Vous	aim âtes.	Vous eûtes	aim é.
Ils	aim èrent.	Ils eurent	aim é.
FUTUR.		**FUTUR ANTÉRIEUR.**	
J'	aim erai.	J'aurai	aim é.
Tu	aim eras.	Tu auras	aim é.
Il	aim era.	Il aura	aim é.
Nous	aim erons.	Nous aurons	aim é.
Vous	aim erez.	Vous aurez	aim é.
Ils	aim eront.	Ils auront	aim é.

Mode Conditionnel.

PRÉSENT.

J'	aim erais.
Tu	aim erais.
Il	aim erait.
Nous	aim erions.
Vous	aim eriez.
Ils	aim eraient.

PASSÉ (1re forme).

J'aurais	aim é.
Tu aurais	aim é.
Il aurait	aim é.
Nous aurions	aim é.
Vous auriez	aim é.
Ils auraient	aim é.

PASSÉ (2e forme).

J'eusse	aim é.	Nous eussions	aim é.
Tu eusses	aim é.	Vous eussiez	aim é.
Il eût	aim é.	Ils eussent	aim é.

Mode Impératif.

S. 2e *pers.* Aim e.　　*P.* 1re *pers.* Aim ons.
　　　　　　　　　　　　　　2e *pers.* Aim ez.

Mode Subjonctif.

PRÉSENT.

Que j'	aim e.
Que tu	aim es.
Qu'il	aim e.
Que nous	aim ions.
Que vous	aim iez.
Qu'ils	aim ent.

PASSÉ.

Que j'aie	aim é.
Que tu aies	aim é.
Qu'il ait	aim é.
Que nous ayons	aim é.
Que vous ayez	aim é.
Qu'ils aient	aim é.

IMPARFAIT.

Que j'	aim asse.
Que tu	aim asses.
Qu'il	aim ât.
Que nous	aim assions.
Que vous	aim assiez.
Qu'ils	aim assent.

PLUS-QUE-PARFAIT.

Que j'eusse	aim é.
Que tu eusses	aim é.
Qu'il eût	aim é.
Que nous eussions	aim é.
Que vous eussiez	aim é.
Qu'ils eussent	aim é.

Mode Infinitif.

PRÉSENT.　　　　　　　　　PASSÉ.
Aim er.　　　　　　　　　　Avoir aim é.

Mode Participe.

PRÉSENT.　　　　　　　　　PASSÉ.
Aim ant.　　　　　　　　　Aim é, aim ée, ayant aim é.

Observations sur certains verbes de la première conjugaison.

§ 192. — Les verbes dont l'infinitif est terminé par **cer**, prennent une cédille sous le *c*, devant les voyelles *a*, *o*.

Ex. : Forcer, — il *força*, nous *forçons*.

§ 193. — Les verbes dont l'infinitif est terminé par **ger** prennent un *e* muet après le *g*, devant *a*, *o*.

Ex. : Manger, — *mangeant*, nous *mangeons*.

§ 194. — Les verbes qui ont un *e* muet ou un *é* fermé à l'avant-dernière syllabe, changent cet *e* muet ou cet *é* fermé en *è* ouvert devant une syllabe muette.

Ex. : Mener, — je *mène;* espérer, — j'*espère*.

§ 195. — Les verbes en **eler, eter** prennent deux *l* ou deux *t* devant un *e* muet. Ex. : Appeler, — j'*appelle*, j'*appellerai;* jeter — je *jette*, je j'*etterai*. — Excepté *acheter* et *geler*, que l'Académie écrit avec un *è* grave.

Ex. : j'*achète*, il *gèle*.

§ 196. — Les verbes en **ier** prennent deux *i* de suite à la 1re et à la 2e personne du pluriel de l'imparfait de l'indicatif et du présent du subjonctif. Prier, nous *priions*, vous *priiez;* que nous *priions*, que vous *priiez*.

§ 197. — Les verbes en **yer** changent *y* en *i* devant un *e* muet. Ex. : Employer, j'*emploie*, j'*emploierai*.

§ 198. — Ces mêmes verbes en *yer*, prennent un *y* et un *i* à la 1re et à la 2e personne du pluriel de l'imparfait de l'indicatif et du présent du subjonctif : Nous *employions*, vous *employiez;* que nous *payions*, que vous *payiez*.

Conjuguez à chaque personne du présent de l'indicatif les verbes suivants :

Ex. 331. Avancer, diriger, effacer, manger, menacer, placer, sucer, tracer, forger, balancer, commencer, encourager.

Ex. 332-343. Conjuguez les mêmes verbes au passé défini et à l'imparfait du subjonctif.

Ex. 344. Mettez les verbes de cet exercice à la 1re pers. pluriel du présent indicatif. Ecrivez : Laboureurs diligents, nous devan...

Laboureur diligent, *je devance* le lever du soleil ; et *je prolonge* mon travail jusqu'après le déclin du jour. *Je dirige* dans la plaine mes bœufs vigoureux, et j'*enfonce* profondément dans le sol le soc de ma charrue. Je *défonce* la terre, et je *remplace* par des engrais les sucs que lui a enlevés la dernière moisson.

Ex. 345-347. Mettez les verbes aux trois pers. sing. de l'imparfait indicatif. Ex. : Autrefois, pour multiplier..., *je devançais...*, etc.

Ex. 348-353. Mettez les verbes à toutes les personnes du passé défini.

Choisissez un mot dans chaque colonne et formez des phrases sur le modèle suivant : *Je soulève un fardeau.*

Ex. 354. Libérer. — Espérer. — Exagérer. — Achever. — Peser. — Digérer. | Récompense. — Faute. — Devoir. — Prisonnier. — Charge. — Aliment.

Ex. 355. Crever. — Enlever. — Vénérer. — Sevrer. — Altérer. — Soulever. | Vieillard. — Tache. — Ballon. — Enfant. — Fardeau. — Monnaie.

Ex. 356. Mettez les mêmes phrases au pluriel.

Ex. 357-361. Imitez les modèles suivants : 1° Tu soulèves un fardeau. — 2° Il faut que je soulève ce fardeau. — 3° Il fallait que je soulevasse ce fardeau. — 4° Il souleva ce fardeau. — 5° Il fallait qu'il soulevât ce fardeau.

Ex. 362. Mettez ces phrases à toutes les personnes de tous les temps. (Le Maître écrira au tableau le modèle de son choix.)

Conjuguez les verbes suivants au futur et au conditionnel.

Ex. 363. Amonceler, appeler, ciseler, ficeler, étinceler, cacheter, projeter, jeter, caqueter, étiqueter.

LA VIE DES CHAMPS.

Mettez les verbes à la 1re pers. du pluriel.

Ex. 364. Qu'elle est agréable, la vie des champs! *Je me lève* chaque jour au chant du coq. *J'attelle mes* grands bœufs de labour, et *je nivelle* [1] avec la herse *mon champ* récemment *labouré.* Autour de *moi* les oiseaux chantent. Midi vient. *Je regagne* la ferme, *je dételle* mes bœufs et *je révèle* à mes amis *le plan* que *je projette.*

Ex. 365-368. Mettez l'exercice précédent aux autres personnes du présent de l'indicatif.

Choisissez un verbe et un complément, et formez des phrases sur le modèle suivant : *alors nous liions la gerbe.*

VERBES. | COMPLÉMENTS.

Ex. 369. Remercier. — Étudier. — Relier. — Colorier. — Broyer. — Envoyer. | Dessin. — Leçon. — Bienfaiteur. — Pierre. — Livre. — Lettre.

Ex. 370. Châtier. — Payer. — Vérifier. — Oublier. — Essuyer. — Lier. | Calcul. — Injure. — Dette. — Paresseux. — Gerbe. — Larme.

A l'aide des mêmes mots, formez des phrases sur les modèles suivants :

Ex. 371. Hier, vous *copiez* un devoir. — Ex. 372. Il faut que nous *copiions* un devoir. — Ex. 373. Il fallait qu'il *copiât* un devoir. — Ex. 374. Alors, il *copia* un devoir. — Ex. 375. Mettez ces mêmes phrases à toutes les personnes de tous les temps. (Le Maître les indiquera successivement.)

§ **199.** Remarques. — I. Il ne faut pas confondre la terminaison *ons*, qui annonce une 1re personne du pluriel, avec la terminaison *ont*, qui annonce une 3e personne du même nombre.

Écrivez donc avec *ons : nous aim***ons** *nos devoirs*, pri**ons**, parce que le sujet est *nous*, exprimé ou sous-entendu.

Mais écrivez avec *ont : Ils aur***ont** *une récompense;* parce que le sujet *ils* est du pluriel.

II. Ne confondez pas non plus, *il aima*, 3e personne du singulier du passé défini, avec *qu'il aimât*, 3e personne du singulier de l'imparfait du subjonctif.

Pour distinguer ces deux personnes, mettez la phrase au pluriel.

Dans cet exemple : « Cet élève *termin***a** *son devoir*, » *termina* est au passé défini, puisqu'au pluriel nous aurions : « Ces élèves *termin***èrent** leur devoir. »

Au contraire, dans cette phrase : *Il fallait que cet élève termin***ât** *son devoir*, *terminât* est à l'imparfait du subjonctif, puisqu'au pluriel, nous aurions : *Il fallait que ces élèves termin***assent** *leurs devoirs*.

III. Ne confondez pas la terminaison **ai**, du passé défini, avec la terminaison **ais**, de l'imparfait.

Pour éviter cette confusion, mettez la phrase au pluriel.

Ex. : Hier, je labour**ai** mon champ. — hier nous labour**âmes** notre champ. — Voilà le passé défini.

Au contraire, *je parl***ais** *quand il entra*, devient au pluriel *nous parl***ions** quand il entra ; voilà l'imparfait de l'indicatif.

LE PERROQUET.

Écrivez : *les Perroquets*, et mettez ce morceau au pluriel.

Ex. 376. Non-seulement *le perroquet a* la facilité d'imiter la voix *de l'homme ; il semble* encore en avoir le désir. *Il le montre* par son attention à écouter, par *l'étude à laquelle il se livre* pour répéter, et *il renouvelle cet effort à tout instant :* car *il bégaye*, *il gazouille* souvent quelqu'une des syllabes *qu'il a entendues*, et *il cherche* à prendre le dessus *de la voix* qui *frappe son oreille*, en faisant éclater la *sienne*.

Ex. 377. Souvent *son maître est donné* de *lui* entendre répéter *un mot* ou *un son* qu'*il n'avait* pas pris la peine de lui apprendre. *Il semble* se faire une tâche, et *il essaye* de retenir *sa leçon* chaque jour. *Il* en *est occupé* jusque dans *son rêve*, et *il jase* en dormant. C'est surtout dans *sa première année* qu'*il montre* cette *heureuse disposition*, et que *son maître le trouve* plus *intelligent* et plus *docile*. Plus *âgé, il se montre rebelle*, et *il* ne *répète sa leçon* que difficilement.   BUFFON.

Ex. **378.** Mettez les verbes à la 3ᵉ personne du passé défini.

Ex. **379.** Mettez les verbes à la 1ʳᵉ personne du pluriel du présent de l'indicatif. Écrivez : *Nous*, perroquets, *nous avons la facilité...*, etc.

Ex. **380.** Mettez les verbes à la 3ᵉ personne du pluriel du futur simple. Écrivez : *Non-seulement les perroquets auront...*, etc.

Ex. **381.** Mettez les verbes à la 3ᵉ personne du singulier du conditionnel présent. Écrivez : *Non-seulement le perroquet aurait...*, etc.

Ex. **382.** Mettez les verbes à la 3ᵉ personne du pluriel du conditionnel présent.

Choisissez un complément dans la colonne à droite, et formez des phrases sur le modèle suivant : *Il fallait qu'il terminât son devoir.*

Ex. **383.** Achever. — Effacer. — Envoyer. — Payer. — Dénoncer. — Balayer. } Lettre. — Voleur. — Salle. — Dette. — Tache. — Devoir.

Ex. **384.** — Percer. — Enfoncer. — Sucer. — Lancer. — Ensemencer. — Forcer. } Pêche. — Serrure. — Clou. — Jardin. — Trou. — Flèche.

L'ANGE GARDIEN.

Mettez les verbes soulignés à la 2ᵉ personne du singulier de l'impératif.

Ex. **385.** *Veillez* sur moi quand je m'éveille,
Bon ange, puisque Dieu l'a dit ;
Et chaque nuit quand je sommeille,
Penchez-vous sur mon petit lit.
Ayez pitié de ma faiblesse ;
A mes côtés *marchez* sans cesse ;
Parlez-moi le long du chemin ;
Et pendant que je *vous* écoute,
De peur que je ne tombe en route,
Bon ange, *donnez-moi* la main.   Mad. TASTU.

QUESTIONNAIRE.

Qu'y a-t-il à remarquer dans les verbes en *cer* ?

Qu'y a-t-il à remarquer dans les verbes en *ger* ?

Qu'y a-t-il à remarquer dans les verbes dont l'avant-dernière syllabe renferme un *e* muet ou un *é* fermé ?

Qu'y a-t-il à remarquer dans les verbes en *eler, eter* ?

Qu'y a-t-il à remarquer dans les verbes en *ier* ?

Qu'y a-t-il à remarquer dans les verbes en *yer* ?

A quelle personne appartient la terminaison *ons* ?

A quelle personne appartient la terminaison *ont* ?

Comment reconnaît-on laquelle des deux il faut employer ?

A quel temps appartient la terminaison *a* ?

A quel temps appartient la terminaison *ât* ?

Comment distingue-t-on ces terminaisons ?

Deuxième Conjugaison.

§ 200. — *Verbe* **FIN IR.** — *Radical* **Fin.**

Mode Indicatif.

TEMPS SIMPLES.		TEMPS COMPOSÉS.	
PRÉSENT.		**PASSÉ INDÉFINI.**	
Je	fin is.	J'ai	fin i.
Tu	fin is.	Tu as	fin i.
Il	fin it.	Il a	fin i.
Nous	fin issons.	Nous avons	fin i.
Vous	fin issez.	Vous avez	fin i.
Ils	fin issent.	Ils ont	fin i.
IMPARFAIT.		**PLUS-QUE-PARFAIT.**	
Je	fin issais.	J'avais	fin i.
Tu	fin issais.	Tu avais	fin i.
Il	fin issait.	Il avait	fin i.
Nous	fin issions.	Nous avions	fin i.
Vous	fin issiez.	Vous aviez	fin i.
Ils	fin issaient.	Ils avaient	fin i.
PASSÉ DÉFINI.		**PASSÉ ANTÉRIEUR.**	
Je	fin is.	J'eus	fin i.
Tu	fin is.	Tu eus	fin i.
Il	fin it.	Il eut	fin i.
Nous	fin îmes.	Nous eûmes	fin i.
Vous	fin îtes.	Vous eûtes	fin i.
Ils	fin irent.	Ils eurent	fin i.
FUTUR.		**FUTUR ANTÉRIEUR.**	
Je	fin irai.	J'aurai	fin i.
Tu	fin iras.	Tu auras	fin i.
Il	fin ira.	Il aura	fin i.
Nous	fin irons.	Nous aurons	fin i.
Vous	fin irez.	Vous aurez	fin i.
Ils	fin iront.	Ils auront	fin i.

Mode Conditionnel.

PRÉSENT.		PASSÉ.	
Je fin irais.		J'aurais	fin i.
Tu fin irais.		Tu aurais	fin i.
Il fin irait.		Il aurait	fin i.
Nous fin irions.		Nous aurions	fin i.
Vous fin iriez.		Vous auriez	fin i.
Ils fin iraient.		Ils auraient	fin i.

PASSÉ (2ᵉ forme).

J'eusse	fin i.	Nous eussions	fin i.
Tu eusses	fin i.	Vous eussiez	fin i.
Il eût	fin i.	Ils eussent	fin i.

Mode Impératif.

S. 2ᵉ *pers.* Fin is.		P. 1ʳᵉ *pers.*	Fin issons.
		2ᵉ *pers.*	Fin issez.

Mode Subjonctif.

PRÉSENT.		PASSÉ.	
Que je fin isse.		Que j'aie	fin i.
Que tu fin isses.		Que tu aies	fin i.
Qu'il fin isse.		Qu'il ait	fin i.
Que nous fin issions.		Que nous ayons	fin i.
Que vous fin issiez.		Que vous ayez	fin i.
Qu'ils fin issent.		Qu'ils aient	fin i.

IMPARFAIT.		PLUS-QUE-PARFAIT.	
Que je fin isse.		Que j'eusse	fin i.
Que tu fin isses.		Que tu eusses	fin i.
Qu'il fin it.		Qu'il eût	fin i.
Que nous fin issions.		Que nous eussions	fin i.
Que vous fin issiez.		Que vous eussiez	fin i.
Qu'ils fin issent.		Qu'ils eussent	fin i.

Mode Infinitif.

PRÉSENT.	PASSÉ.
Fin ir.	Avoir fin i.

Mode Participe.

PRÉSENT.	PASSÉ.
Fin issant.	Fin i, fini e, ayant fin i.

Observations sur certains verbes de la deuxième conjugaison.

§ 201. — Bénir a deux participes : 1° *Bénit, bénite,* pour les personnes et les choses consacrées par une cérémonie religieuse; cette forme ne s'emploie que dans un sens passif, avec l'auxiliaire *être :* Ces époux *ont été bénits* à Notre-Dame; pain *bénit,* eau *bénite;* 2° *béni, bénie,* dans tous les autres cas : *roi béni,* nation *bénie.*

§ 202. — Haïr conserve le tréma sur l'*i* dans toute la conjugaison, excepté : 1° aux trois personnes du singulier du présent de l'indicatif : je *hais,* tu *hais,* il *hait;* 2° à la seconde personne de l'impératif : *hais.*

§ 203. — Fleurir est régulier dans le sens de *être en fleur;* mais dans le sens de *prospérer, être en honneur,* il fait au participe présent *florissant,* et à l'imparfait de l'indicatif, je *florissais.*

§ 204. — Remarque. Ne confondez pas « *Il finit* » 3° pers. sing. du passé défini, avec « *qu'il finît* » 3° pers. sing. de l'imparfait du subjonctif. Pour distinguer ces deux temps, mettez la phrase au pluriel.

Ex. : Cet élève *écrivit* une lettre. — Ces élèves *écrivirent* une lettre : voilà le passé défini.

Il fallait que cet élève *écrivît* une lettre. — Il fallait que ces élèves *écrivissent...*: voilà l'imparfait du subjonctif.

Exercices sur la deuxième conjugaison.
Conjuguez sur *finir.*

Ex. **386**. Bâtir, bondir, obéir, rougir, mugir, rugir, blanchir, franchir, noircir, adoucir, durcir, applaudir, arrondir, grandir.

Ex. **387.** Conjuguez aux trois personnes du pluriel du futur simple les verbes suivants : anéantir, avertir, convertir, divertir, engloutir, réussir.

Ex. **388.** Conjuguez au passé défini et à toutes les personnes les verbes envahir, trahir, aplanir, réunir, pâlir, guérir, pétrir, rôtir.

Ex. **389.** Conjuguez ces mêmes verbes à l'imparfait du subjonctif.

LA CHÈVRE.
Mettez au pluriel les mots indiqués.

Ex. **390.** *La chèvre fournit* du lait, et *son poil* un peu *rude affermit* les étoffes. *Elle est* plus *légère* et moins *timide* que *la* brebis; *elle gravit* les coteaux; *elle bondit* sur *la pointe* des rochers; *elle franchit* les torrents et *choisit* de préférence pour *ses* ébats les lieux escarpés ou *le bord* des précipices.

Elle se nourrit d'herbes sauvages et des jeunes pousses des arbrisseaux. *Elle est vive, capricieuse,* et *vagabonde; elle marche, elle bondit, elle saute, elle rebondit, elle approche, elle se cache,* sans autre raison, que *son caprice.*

(D'après Buffon.)

Ex. **391.** La chèvre fait son portrait. Ecrivez : Je fournis..., etc., et mettez les verbes au présent de l'indicatif.

Ex. **392.** Les chèvres font leur portrait. Ecrivez : Nous fournissons..., etc. et mettez les verbes à la 1re personne du pluriel.

Ex. **393.** Ecrivez : O chèvre, tu fournis..., et mettez les verbes à la 2e personne du singulier.

Ex. **394.** Ecrivez : O chèvres, vous fournissez..., et mettez les verbes à la 2e personne du pluriel.

Ex. **395-400.** Faites les mêmes exercices à l'imparfait de l'indicatif.

Ex. **401.** Faites les mêmes exercices au passé défini.

Choisissez dans chaque colonne un *verbe* et un *complément*, et formez des phrases sur le modèle suivant : Je *bénirais* la Providence.

Ex. **402.** Bénir. — Attendrir. — Aplanir. — Vernir. — Bâtir. — Pétrir. (Terrain. — Maison. — Pain. — La Providence. — Meuble. — Ame.

Choisissez un mot dans chaque colonne et mettez les verbes au passé défini, 3e p. du sing.

Ex. **403.** Fourbir [1]. — Guérir. — Blanchir. — Fléchir. — Affranchir. — Franchir. (Toile. — Colère. — Sabre. — Lettre. — Malade. — Obstacle [2].

A l'aide des mêmes mots, formez des phrases sur les modèles suivants :

Ex. **404.** Nous finirons le devoir. — **405.** Il finira le devoir.

Ex. **406.** Vous finîtes le devoir. — **407.** Qu'il finît le devoir.

Choisissez un mot dans chaque colonne, et formez des phrases sur le modèle suivant : Il *bâtira* une maison.

Ex. **408.** Bâtir. — Punir. — Aplanir [3]. — Assouvir [4]. — Applaudir. — Blanchir. (Maison. — Mur. — Route. — Elève. — Comédien. — Faim.

Imitez le modèle suivant : Il *bâtit* une maison.

Ex. **409.** Blanchir. — Agrandir. — Vernir. — Assainir [5]. — Rafraîchir. — Embellir. (Boisson. — Meuble. — Linge. — Etable. — Propriété. — Jardin.

Ex. **410.** Mettez les mêmes phrases à la 3e personne du pluriel du futur. Modèle : Ils *bâtiront* une maison.

Ex. **411.** Mettez-les à la 3e personne du singulier de l'imparfait du subjonctif, et imitez le modèle suivant : *Il fallait* qu'il finît son devoir.

QUESTIONNAIRE.

Quels sont les temps primitifs de *finir* ? Conjuguez-les.
Conjuguez les temps dérivés.

Comment distingue-t-on la terminaison *it* de *ît* ?
Citez des exemples.

---

1. **Fourbir**, nettoyer, se dit en parlant des armes.

2. **Obstacle**, tout ce qui arrête la marche ou l'exécution de nos projets, de nos entreprises.

3. **Aplanir**, rendre uni, niveler.

4. **Assouvir** sa faim, c'est « se rassasier complétement ». Assouvir s'emploie souvent au figuré. Ex. : *Assouvir* sa vengeance, pour « *donner satisfaction à sa haine.* »

5. **Assainir**, rendre sain. Ex. : Ces contrées marécageuses ont été assainies.

Troisième Conjugaison.

§ 205. *Verbe* **RECEV OIR.** — *Radical* **Recev.**

Mode Indicatif.

TEMPS SIMPLES.	TEMPS COMPOSÉS.
PRÉSENT.	**PASSÉ INDÉFINI.**
Je reç ois.	J'ai reçu.
Tu reç ois.	Tu as reçu.
Il reç oit.	Il a reçu.
Nous recev ons.	Nous avons reçu.
Vous recev ez.	Vous avez reçu.
Ils reçoiv ent.	Ils ont reçu.
IMPARFAIT.	**PLUS-QUE-PARFAIT.**
Je recev ais.	J'avais reçu.
Tu recev ais.	Tu avais reçu.
Il recev ait.	Il avait reçu.
Nous recev ions.	Nous avions reçu.
Vous recev iez.	Vous aviez reçu.
Ils recev aient.	Ils avaient reçu.
PASSÉ DÉFINI.	**PASSÉ ANTÉRIEUR.**
Je reçu s.	J'eus reçu.
Tu reçu s.	Tu eus reçu.
Il reçu t.	Il eut reçu.
Nous reçû mes.	Nous eûmes reçu.
Vous reçû tes.	Vous eûtes reçu.
Ils reçu rent.	Ils eurent reçu.
FUTUR.	**FUTUR ANTÉRIEUR.**
Je recev rai.	J'aurai reçu.
Tu recev ras.	Tu auras reçu.
Il recev ra.	Il aura reçu.
Nous recev rons.	Nous aurons reçu.
Vous recev rez.	Vous aurez reçu.
Ils recev ront.	Ils auront reçu.

Mode Conditionnel.

PRÉSENT.

Je recev rais.
Tu recev rais.
Il recev rait.
Nous recev rions.
Vous recev riez.
Ils recev raient.

PASSÉ (1re forme).

J'aurais reçu.
Tu aurais reçu.
Il aurait reçu.
Nous aurions reçu.
Vous auriez reçu.
Ils auraient reçu.

PASSÉ (2e forme).

J'eusse reçu.
Tu eusses reçu.
Il eût reçu.

Nous eussions reçu.
Vous eussiez reçu.
Ils eussent reçu.

Mode Impératif.

S. 2e *pers.* Reç ois.

P. 1re *pers.* Recev ons.
2e *pers.* Recev ez.

Mode Subjonctif.

PRÉSENT.

Que je reç oive.
Que tu reç oives.
Qu'il reç oive.
Que nous recev ions.
Que vous recev iez.
Qu'ils reçoiv ent.

PASSÉ.

Que j'aie reçu.
Que tu aies reçu.
Qu'il ait reçu.
Que nous ayons reçu.
Que vous ayez reçu.
Qu'ils aient reçu.

IMPARFAIT.

Que je reçu sse.
Que tu reçu sses.
Qu'il reçû t.
Que nous reçu ssions.
Que vous reçu ssiez.
Qu'ils reçu ssent.

PLUS-QUE-PARFAIT.

Que j'eusse reçu.
Que tu eusses reçu.
Qu'il eût reçu.
Que nous eussions reçu.
Que vous eussiez reçu.
Qu'ils eussent reçu.

Mode Infinitif.

PRÉSENT.

Recev oir.

PASSÉ.

Avoir reçu.

Mode Participe.

PRÉSENT.

Recev ant.

PASSÉ.

Reçu, reçu e, ayant reçu.

Observations sur certains verbes de la troisième conjugaison.

§ 206. — Parmi les verbes qui appartiennent à cette conjugaison, il n'y a que les verbes en *evoir* qui se conjuguent sur *recevoir;* tous les autres sont irréguliers.

Devoir et *mouvoir* prennent un accent circonflexe au masculin singulier du participe passé : *dû, mû.*

Dans certains verbes, dont le radical renferme la lettre *c,* on met une cédille sous le *c* quand il est suivi de *o* ou de *u.*

Ex. : Recevoir, il *reçoit,* il *reçut.*

§ 207. — REMARQUE. La terminaison *ut* appartient au passé défini, tandis que *ût* appartient à l'imparfait du subjonctif. On les distingue en mettant la phrase au pluriel.

Exercices sur la troisième conjugaison.

Ex. 412. Conjuguez, sur *recevoir,* les verbes devoir (je dois), apercevoir, concevoir [1], décevoir, percevoir, redevoir.

Intitulez ce morceau : « *Les bœufs* » et mettez les verbes soulignés à la 3ᵉ personne du pluriel du présent de l'indicatif.

LE BŒUF.

Ex. 413. *Le bœuf* ne *doit* à *l'homme* aucune reconnaissance : car *il reçoit* de *lui* moins d'avantages qu'*il ne lui* en *procure. Il n'amaigrit* point *son pâturage,* comme *le cheval ;* au contraire, *il le fertilise,* et jamais *il ne déçoit* [2] la confiance *du laboureur. Sa* patience est admirable. *Il a* la force et la docilité. Aussi *est-il le domestique le plus utile* et *le plus précieux de la ferme*.

Ex. **414.** Le bœuf fait son portrait. Ecrivez : Je ne dois à l'homme..., etc.
Ex. **415.** Les bœufs font leur portrait. Ecrivez : Nous ne devons..., etc.
Ex. **416.** Ecrivez : O bœuf, tu ne dois..., etc.
Ex. **417.** Ecrivez : O bœufs, vous ne..., et mettez les verbes au pluriel.
Ex. **418. Imparfait de l'indicatif.** — Mettez les verbes à la 3ᵉ personne du singulier. Ecrivez : Le bœuf ne devait à l'homme...
Ex. **419.** Mettez les verbes à la 3ᵉ personne du pluriel. Ecrivez : Les bœufs ne devaient...
Ex. **420.** Un bœuf raconte sa vie passée. Ecrivez : Je ne devais... Ma...
Ex. **421.** Des bœufs racontent leur passé. Ecrivez : Nous ne devions... Notre...
Ex. **422-427.** Faites le même exercice aux six personnes du *passé défini.*

---

1. **Concevoir** signifie le plus souvent comprendre ou imaginer.

2. **Jamais il ne déçoit,** c'est-à-dire il ne trompe *jamais.*

Choisissez un mot dans chaque colonne et formez des phrases sur le modèle suivant : *je reçois une récompense.*

VERBES.   COMPLÉMENTS.

Ex. 428. Recevoir. — Devoir. — Décevoir. — Percevoir. — Apercevoir. — Concevoir. { Récompense. — Impôt. — Etoile. — Somme. — Espérance. — Projet.

Ex. 429. Mettez les verbes des mêmes phrases aux autres personnes : *Tu reçois une récompense,* etc.

Ex. 430-435. Mettez les verbes à toutes les personnes de l'imparfait de l'indicatif.

LE CIEL PROUVE LA PUISSANCE DE DIEU.

Mettez à la première personne du pluriel les verbes imprimés en *italique.*

Indicatif présent.

Ex. 436. *Je lève* les yeux vers le ciel, et *j'aperçois* une multitude de corps lumineux. *Je conçois* à peine cette munificence[1] qui sème les astres avec autant de profusion[2] que les grains de sable du rivage. De la terre où *je suis, je reçois* le bienfait de leur lumière ; *je perçois* leurs rayons, sans lesquels la terre serait plongée dans une profonde obscurité. Combien doit être prévoyant et sage celui qui, depuis tant de siècles, *dirige* ces globes sans qu'il se soit produit le moindre dérangement dans les cieux.

Ex. 437. Mettez l'exercice précédent à la 2e personne du sing. : Tu lèves les yeux...

Ex. 438. Mettez le même exercice à la 2e personne du pluriel : Vous levez...

Ex. 439. Mettez-le à la 3e personne du singulier : L'homme lève..., etc.

Ex. 440. Mettez-le à la 3e personne du pluriel : Les hommes lèvent..., etc.

Ex. 441-444. Mettez le même exercice à l'imparfait, au passé défini, au futur et au conditionnel. (Suivez le modèle donné pour l'indicatif présent.)

Choisissez un mot dans chaque colonne, et imitez le modèle suivant :
Il reçut une lettre.

Ex. 445. Apercevoir. — Concevoir. — Recevoir — Redevoir. — Percevoir. — Décevoir. { Somme. — Soupçon. — Cadeau. — Projet. — Espérance. — Impôt. — Argent.

Ex. 446. Imitez le modèle suivant : *Il fallait qu'il reçût une lettre.*
Ex. 447. Imitez ce modèle : *Il fallait que vous reçussiez une lettre.*

QUESTIONNAIRE.

Conjuguez les temps simples et les temps composés de *recevoir.* | Quelle différence y a-t-il entre la désinence *ut* et la désinence *ût* ?

1. **Munificence,** générosité, libéralité. | 2. **Profusion,** abondance très-grande.

Quatrième Conjugaison.

§ 208. *Verbe* **RENDRE**. — *Radical* **Rend**.

Mode Indicatif.

TEMPS SIMPLES		TEMPS COMPOSÉS.	
PRÉSENT.		**PASSÉ INDÉFINI.**	
Je	rend s.	J'ai	rend u.
Tu	rend s.	Tu as	rend u.
Il	rend.	Il a	rend u.
Nous	rend ons.	Nous avons	rend u.
Vous	rend ez.	Vous avez	rend u.
Ils	rend ent.	Ils ont	rend u.
IMPARFAIT.		**PLUS-QUE-PARFAIT.**	
Je	rend ais.	J'avais	rend u.
Tu	rend ais.	Tu avais	rend u.
Il	rend ait.	Il avait	rend u.
Nous	rend ions.	Nous avions	rend u.
Vous	rend iez.	Vous aviez	rend u.
Ils	rend aient.	Ils avaient	rend u.
PASSÉ DÉFINI.		**PASSÉ ANTÉRIEUR.**	
Je	rend is.	J'eus	rend u.
Tu	rend is.	Tu eus	rend u.
Il	rend it.	Il eut	rend u.
Nous	rend îmes.	Nous eûmes	rend u.
Vous	rend îtes.	Vous eûtes	rend u.
Ils	rend irent.	Ils eurent	rend u.
FUTUR SIMPLE.		**FUTUR ANTÉRIEUR.**	
Je	rend rai.	J'aurai	rend u.
Tu	rend ras.	Tu auras	rend u.
Il	rend ra.	Il aura	rend u.
Nous	rend rons.	Nous aurons	rend u.
Vous	rend rez.	Vous aurez	rend u.
Ils	rend ront.	Ils auront	rend u.

Mode Conditionnel.

PRÉSENT.		PASSÉ.	
Je rend rais.		J'aurais	rend u.
Tu rend rais.		Tu aurais	rend u.
Il rend rait.		Il aurait	rend u.
Nous rend rions.		Nous aurions	rend u.
Vous rend riez.		Vous auriez	rend u.
Ils rend raient.		Ils auraient	rend u.

PASSÉ (2e *forme*).

J'eusse rend u.	Nous eussions rend u.
Tu eusses rend u.	Vous eussiez rend u.
Il eût rend u.	Ils eussent rend u.

Mode Impératif.

S. 2e *pers*. Rend s. | P. 1re *pers*. Rend ons.
2e *pers*. Rend ez.

Mode Subjonctif.

PRÉSENT.		PASSÉ.	
Que je rend e.		Que j'aie	rend u.
Que tu rend es.		Que tu aies	rend u.
Qu'il rend e.		Qu'il ait	rend u.
Que nous rend ions.		Que nous ayons	rend u.
Que vous rend iez.		Que vous ayez	rend u.
Qu'ils rend ent.		Qu'ils aient	rend u.

IMPARFAIT.		PLUS-QUE-PARFAIT.	
Que je rend isse.		Que j'eusse	rend u.
Que tu rend isses.		Que tu eusses	rend u.
Qu'il rend ît.		Qu'il eût	rend u.
Que nous rend issions.		Que nous eussions	rend u.
Que vous rend issiez.		Que vous eussiez	rend u.
Qu'ils rend issent.		Qu'ils eussent	rend u.

Mode Infinitif.

PRÉSENT.	PASSÉ.
Rend re.	Avoir rend u.

Mode Participe.

PRÉSENT.	PASSÉ.
Rend ant.	Rend u, rend ue.
	Ayant rend u.

Observations sur les verbes de la quatrième conjugaison.

§ 209. — Les verbes en **indre** et en **soudre**, comme *atteindre, joindre, craindre,* perdent le *d* à la première et à la deuxième personne du singulier de l'indicatif présent; à la troisième, ils prennent un *t* : j'*atteins*, tu *atteins*, il *atteint*; je *joins*, tu *joins,* il *joint*, je *résous*, tu *résous*, il *résout*.

§ 210. — Aux temps formés du participe présent et du passé défini, les verbes en **indre** prennent un *g*: nous *joignons*, vous *joignez*, *ils joignent.* Je *joignais.* Je *joignis. Joignant.*

§ 211. — Les verbes en *aître* et en *oître* comme *paraître, croître,* prennent un accent circonflexe sur l'*i*, quand il est suivi de *t*. Ex. *:* Il *paraît*. Il *croîtra*.

Ex. 448. Conjuguez sur *rendre :* attendre, fendre, défendre, pendre, répondre, perdre, mordre, pondre, tondre, vendre.

Ex. 449-453. Mettez les verbes suivants à la 3ᵉ pers. du pluriel du *présent de l'indicatif, de l'imparfait, du passé défini, du futur et du conditionnel.*

Il vend.	Il fend.	Il fond.
Il tend.	Il détend.	Il tond.
Il correspond.	Il étend.	Elle vend.
Elle répond.	Il défend.	Il perd.
Elle prétend.	Elle entend.	Elle descend.

Ex. 454. Mettez les verbes à la 3ᵉ personne du pluriel : *Les agriculteurs diligents n'attendent pas...,* etc.

L'agriculteur diligent n'*attend* pas le printemps pour se mettre au travail. Il ne *perd* pas dans l'oisiveté les journées de l'hiver. Tantôt il *tend* des piéges aux animaux nuisibles qui désolent sa ferme; tantôt il *fend* le bois dont il *a* besoin pour chauffer sa famille. Quand le temps le permet, il se *rend* à la ville et il y *vend* une partie de la dernière moisson.

Ex. 455-459. Faites passer successivement cet exercice aux autres personnes du *présent de l'indicatif* (v. ex. 414).

Ex. 460-499. Faites passer cet exercice aux six personnes de l'*imparfait de l'indicatif, du passé défini, du passé indéfini, du futur et du conditionnel.*

QUESTIONNAIRE.

Que remarquez-vous dans les verbes *indre* et en *soudre?*   Que remarquez-vous dans les verbes en *aître?*

FORMATION DES TEMPS.

§ 212. On distingue, dans les verbes, les *temps primitifs* et les *temps dérivés*.

Les *temps primitifs* sont ceux qui servent à former tous les autres.

Les *temps dérivés* sont ceux qui sont formés des temps primitifs.

Il y a cinq temps primitifs : le *présent de l'infinitif*, le *participe présent*, le *participe passé*, le *présent de l'indicatif* et le *passé défini*.

I. Du **présent de l'infinitif** on forme deux temps :

1° Le *futur simple*, par le changement de *r*, *oir* ou *re* en *rai* :

| Aime-r, | fini-r, | recev-oir, | rend-re ; |
| *J'aime-rai,* | *je fini-rai,* | *je recev-rai,* | *je rend-rai.* |

2° Le *conditionnel présent*, par le changement de *r*, *oir* ou *re* en *rais*.

| Aime-r, | fini-r, | recev-oir, | rend-re, |
| *J'aime-rais,* | *je fini-rais,* | *je recev-rais,* | *je rend-rais.* |

II. Du **participe présent** on forme trois temps :

1° Le *pluriel du présent de l'indicatif*, par le changement de *ant* en *ons, ez, ent* :

Aim-ant,	*nous aim-ons,*	*vous aim-ez,*	*ils aim-ent.*
Finiss-ant,	*nous finiss-ons,*	*vous finiss-ez,*	*ils finiss-ent.*
Recev-ant,	*nous recev-ons,*	*vous recev-ez,*	*(ils reçoiv-ent).*
Rend-ant,	*nous rend-ons,*	*vous rend-ez,*	*ils rend-ent.*

2° L'*imparfait de l'indicatif*, par le changement de *ant* en *ais* :

| Aim-ant, | finiss-ant, | recev-ant, | rend-ant. |
| *J'aim-ais,* | *je finiss-ais,* | *je recev-ais,* | *je rend-ais.* |

3° Le *présent du subjonctif*, par le changement de *ant* en *e* :

| Aim-ant, | finiss-ant, | recev-ant, | rend-ant, |
| *Que j'aim-e,* | *que je finiss-e,* | *que nous recev-ions,* | *que je rend-e.* |

III. Du **participe passé**, construit avec un des auxiliaires *avoir* ou *être*, on forme *tous les temps composés*.

| *J'ai aimé,* | *nous avons fini,* | *tu avais reçu,* | *qu'ils aient rendu.* |

IV. Du **présent de l'indicatif** on forme un temps :

L'*impératif*, par la simple suppression du pronom sujet, et par le retranchement de *s* final dans les verbes de la première conjugaison.

| Tu aime-s, | tu finis, | tu reçois, | tu rends, |
| *Aime,* | *finis,* | *reçois,* | *rends.* |

V. Du **passé défini** on forme un temps :

L'*imparfait du subjonctif*, par l'addition de *se* à la seconde personne du singulier.

| Tu aimas, | tu finis, | tu reçus, | tu rendis. |
| *Que j'aimas-se,* | *que je finis-se,* | *que je reçus-se,* | *que je rendis se.* |

VERBES PASSIFS.

§ 213. — On appelle verbe *passif* celui qui exprime une action soufferte, reçue par le sujet.

Ex. : La souris *est mangée* par le chat.

Tout verbe actif a un passif.

Il n'y a qu'une conjugaison pour tous les verbes passifs ; elle se compose du verbe *être*, suivi du participe passé du verbe que l'on conjugue.

---

§ 214. — *Verbe passif* ÊTRE AIMÉ.

Mode Indicatif.

TEMPS PRÉSENT.		TEMPS PASSÉ ANTÉRIEUR.	
Je suis	aimé	J'eus été	aimé
Tu es	*ou*	Tu eus été	*ou*
Il *ou* elle est	aimée.	Il *ou* elle eut été	aimée.
Nous sommes	aimés	Nous eûmes été	aimés
Vous êtes	*ou*	Vous eûtes été	*ou*
Ils *ou* elles sont	aimées.	Ils *ou* elles eurent été	aimées.

TEMPS IMPARFAIT.		TEMPS PLUS-QUE-PARFAIT.	
J'étais	aimé	J'avais été	aimé
Tu étais	*ou*	Tu avais été	*ou*
Il *ou* elle était	aimée.	Il *ou* elle avait été	aimée.
Nous étions	aimés	Nous avions été	aimés
Vous étiez	*ou*	Vous aviez été	*ou*
Ils *ou* elles étaient	aimées.	Ils *ou* elles avaient été	aimées.

TEMPS PASSÉ DÉFINI.		TEMPS FUTUR.	
Je fus	aimé	Je serai	aimé
Tu fus	*ou*	Tu seras	*ou*
Il *ou* elle fut	aimée.	Il *ou* elle sera	aimée.
Nous fûmes	aimés	Nous serons	aimés
Vous fûtes	*ou*	Vous serez	*ou*
Ils *ou* elles furent	aimées.	Ils *ou* elles seront	aimées.

TEMPS PASSÉ INDÉFINI.		TEMPS FUTUR ANTÉRIEUR.	
J'ai été	aimé	J'aurai été	aimé
Tu as été	*ou*	Tu auras été	*ou*
Il *ou* elle a été	aimée.	Il *ou* elle aura été	aimée.
Nous avons été	aimés	Nous aurons été	aimés
Vous avez été	*ou*	Vous aurez été	*ou*
Ils *ou* elles ont été	aimées.	Ils *ou* elles auront été	aimées.

Mode Conditionnel.

TEMPS PRÉSENT.

Je serais	aimé
Tu serais	ou
Il *ou* elle serait	aimée.
Nous serions	aimés
Vous seriez	ou
Ils *ou* elles seraient	aimées.

TEMPS PASSÉ (1re forme).

J'aurais été	aimé
Tu aurais été	ou
Il *ou* elle aurait été	aimée.
Nous aurions été	aimés
Vous auriez été	ou
Ils *ou* elles auraient été	aimées.

TEMPS PASSÉ (2e forme).

J'eusse été	aimé
Tu eusses été	ou
Il *ou* elle eût été	aimée.

Nous eussions été	aimés
Vous eussiez été	ou
Ils *ou* elles eussent été	aimées.

Mode Impératif.

S. 2e *pers.* Sois — aimé ou aimée.

P. 1re *pers.* Soyons — aimés ou aimées.
  2e *pers.* Soyez

Mode Subjonctif.

TEMPS PRÉSENT.

Que je sois	aimé
Que tu sois	ou
Qu'il *ou* qu'elle soit	aimée.
Que nous soyons	aimés
Que vous soyez	ou
Qu'ils *ou* qu'elles soient	aimées.

TEMPS PASSÉ.

Que j'aie été	aimé
Que tu aies été	ou
Qu'il *ou* qu'elle ait été	aimée.
Que nous ayons été	aimés
Que vous ayez été	ou
Qu'ils *ou* qu'elles aient été	aimées.

TEMPS IMPARFAIT.

Que je fusse	aimé
Que tu fusses	ou
Qu'il *ou* qu'elle fût	aimée.
Que nous fussions	aimés
Que vous fussiez	ou
Qu'ils *ou* qu'elles fussent	aimées.

TEMPS PLUS-QUE-PARFAIT.

Que j'eusse été	aimé
Que tu eusses été	ou
Qu'il *ou* qu'elle eût été	aimée.
Que nous eussions été	aimés
Que vous eussiez été	ou
Qu'ils *ou* qu'elles eussent été	aimées.

Mode Infinitif.

TEMPS PRÉSENT.

Être aimé *ou* aimée, etc.

TEMPS PASSÉ.

Avoir été aimé *ou* aimée, etc.

Mode Participe.

TEMPS PRÉSENT.

Étant aimé *ou* aimée, etc.

TEMPS PASSÉ.

Ayant été aimé *ou* aimée, etc.

Ainsi se conjuguent : Être armé, être grondé, être occupé, être soigné, être averti, être rétabli, être rafraîchi, être aperçu, être déçu, être surpris, être entendu, être battu, etc.

§ 215.

VERBE NEUTRE DORMIR	**VERBE NEUTRE ARRIVER**
Conjugué avec l'auxiliaire AVOIR.	Conjugué avec l'auxiliaire ÊTRE.

Mode indicatif.

PRÉSENT.

Je dors, etc. | J'arrive, etc.

IMPARFAIT.

Je dormais, etc. | J'arrivais, etc.

PASSÉ DÉFINI.

Je dormis, etc. | J'arrivai, etc.

PASSÉ INDÉFINI.

J'ai		Je suis	arrivé
Tu as		Tu es	*ou*
Il *ou* elle a	dormi.	Il *ou* elle est	arrivée.
Nous avons		Nous sommes	arrivés
Vous avez		Vous êtes	*ou*
Ils *ou* elles ont		Ils *ou* elles sont	arrivées.

PASSÉ ANTÉRIEUR.

J'eus		Je fus	arrivé
Tu eus		Tu fus	*ou*
Il *ou* elle eut	dormi.	Il *ou* elle fut	arrivée.
Nous eûmes		Nous fûmes	arrivés
Vous eûtes		Vous fûtes	*ou*
Ils *ou* elles eurent		Ils *ou* elles furent	arrivées.

PLUS-QUE-PARFAIT.

J'avais		J'étais	arrivé
Tu avais		Tu étais	*ou*
Il *ou* elle avait	dormi.	Il *ou* elle était	arrivée.
Nous avions		Nous étions	arrivés
Vous aviez		Vous étiez	*ou*
Ils *ou* elles avaient		Ils *ou* elles étaient	arrivées.

FUTUR SIMPLE.

Je dormirai, etc. | J'arriverai, etc.

FUTUR ANTÉRIEUR.

J'aurai		Je serai	arrivé
Tu auras		Tu seras	*ou*
Il *ou* elle aura	dormi.	Il *ou* elle sera	arrivée.
Nous aurons		Nous serons	arrivés
Vous aurez		Vous serez	*ou*
Ils *ou* elles auront		Ils *ou* elles seront	arrivées.

Mode conditionnel.

PRÉSENT.

Je dormirais, etc. | J'arriverais, etc.

PASSÉ.

J'aurais		Je serais		arrivé
Tu aurais		Tu serais		ou
Il *ou* elle aurait	dormi.	Il *ou* elle serait		arrivée.
Nous aurions		Nous serions		arrivés
Vous auriez		Vous seriez		ou
Ils *ou* elles auraient		Ils *ou* elles seraient		arrivées.

On dit aussi :

J'eusse		Je fusse		arrivé
Tu eusses		Tu fusses		ou
Il *ou* elle eût	dormi.	Il *ou* elle fût		arrivée.
Nous eussions		Nous fussions		arrivés
Vous eussiez		Vous fussiez		ou
Ils *ou* elles eussent		Ils *ou* elles fussent		arrivées.

Mode impératif.

Aie dormi, etc. | Sois arrivé, etc.

Mode subjonctif.

PRÉSENT ET FUTUR.

Que je dorme, etc. | Que j'arrive, etc.

IMPARFAIT.

Que je dormisse, etc. | Que j'arrivasse, etc.

PASSÉ.

Que j'aie		Que je sois		arrivé
Que tu aies		Que tu sois		ou
Qu'il *ou* qu'elle ait	dormi.	Qu'il *ou* qu'elle soit		arrivée.
Que nous ayons		Que nous soyons		arrivés
Que vous ayez		Que vous soyez		ou
Qu'ils *ou* qu'elles aient		Qu'ils *ou* qu'elles soient		arrivées.

PLUS-QUE-PARFAIT.

Que j'eusse		Que je fusse		arrivé
Que tu eusses		Que tu fusses		ou
Qu'il *ou* qu'elle eût	dormi.	Qu'il *ou* qu'elle fût		arrivée.
Que nous eussions		Que nous fussions		arrivés
Que vous eussiez		Que vous fussiez		ou
Qu'ils *ou* qu'elles eussent		Qu'ils *ou* qu'elles fussent		arrivées.

Mode infinitif.

PRÉSENT.

Dormir. | Arriver.

PASSÉ.

Avoir dormi. | Être arrivé *ou* arrivée, arrivés *ou* arrivées.

Mode participe.

PRÉSENT.

Dormant. | Arrivant.

PASSÉ.

Dormi. ayant dormi. | Arrivé, étant arrivé *ou* arrivée, arrivés *ou* arrivées.

§ 216. — *Verbe pronominal* **SE REPENTIR.**

Mode indicatif.

TEMPS PRÉSENT.

Je me repens.
Tu te repens.
Il *ou* elle se repent.
Nous nous repentons.
Vous vous repentez.
Ils *ou* elles se repentent.

TEMPS PASSÉ ANTÉRIEUR.

Je me fus (repenti
Tu te fus { *ou*
Il *ou* elle se fut (repentie.
Nous nous fûmes (repentis
Vous vous fûtes { *ou*
Ils *ou* elles se furent (repenties.

TEMPS IMPARFAIT.

Je me repentais.
Tu te repentais.
Il *ou* elle se repentait.
Nous nous repentions.
Vous vous repentiez.
Ils *ou* elles se repentaient.

TEMPS PLUS-QUE-PARFAIT.

Je m'étais (repenti
Tu t'étais { *ou*
Il *ou* elle s'était (repentie.
Nous nous étions (repentis
Vous vous étiez { *ou*
Ils *ou* elles s'étaient (repenties.

TEMPS PASSÉ DÉFINI.

Je me repentis.
Tu te repentis.
Il *ou* elle se repentit.
Nous nous repentîmes.
Vous vous repentîtes.
Ils *ou* elles se repentirent.

TEMPS FUTUR SIMPLE.

Je me repentirai.
Tu te repentiras.
Il *ou* elle se repentira.
Nous nous repentirons.
Vous vous repentirez.
Ils *ou* elles se repentiront.

TEMPS PASSÉ INDÉFINI.

Je me suis (repenti
Tu t'es { *ou*
Il *ou* elle s'est (repentie.
Nous nous sommes (repentis
Vous vous êtes { *ou*
Ils *ou* elles se sont (repenties.

TEMPS FUTUR ANTÉRIEUR.

Je me serai (repenti
Tu te seras { *ou*
Il *ou* elle se sera (repentie.
Nous nous serons (repentis
Vous vous serez { *ou*
Ils *ou* elles se seront (repenties.

Mode conditionnel.

TEMPS PRÉSENT.

Je me repentirais.
Tu te repentirais.
Il *ou* elle se repentirait.
Nous nous repentirions.
Vous vous repentiriez.
Ils *ou* elles se repentiraient.

TEMPS PASSÉ (1re forme).

Je me serais (repenti
Tu te serais { *ou*
Il *ou* elle se serait (repentie.
Nous nous serions (repentis
Vous vous seriez { *ou*
Ils *ou* elles se seraient (repenties.

TEMPS PASSÉ (2ᵉ forme).

Je me fusse	{ repenti	Nous nous fussions	{ repentis
Tu te fusses	{ *ou*	Vous vous fussiez	{ *ou*
Il *ou* elle se fût	{ repentie.	Ils *ou* elles se fussent	{repenties.

Mode impératif.

S. 2ᵉ *pers.* Repens-toi.　　　P. 1ʳᵉ *pers.* Repentons-nous.
　　　　　　　　　　　　　　　2ᵉ *pers.* Repentez-vous.

Mode subjonctif.

TEMPS PRÉSENT.	TEMPS PASSÉ.
Que je me repente.	Que je me sois { repenti
Que tu te repentes.	Que tu te sois } *ou*
Qu'il *ou* qu'elle se repente.	Qu'il *ou* qu'elle se soit { repentie.
Que nous nous repentions.	Que nous nous soyons(repentis
Que vous vous repentiez.	Que vous vous soyez) *ou*
Qu'ils *ou* qu'elles se repentent.	Qu'ils *ou* qu'elles se soient { repenties.

TEMPS IMPARFAIT.	TEMPS PLUS-QUE-PARFAIT.
Que je me repentisse.	Que je me fusse { repenti
Que tu te repentisses.	Que tu te fusses } *ou*
Qu'il *ou* qu'elle se repentît.	Qu'il *ou* qu'elle se fût(repentie.
Que nous nous repentissions.	Que nous nous fussions(
Que vous vous repentissiez.	Que vous vous fussiez } repentis
Qu'ils *ou* qu'elles se repentis-sent.	Qu'ils *ou* qu'elles se) *ou*
	fussent (repenties.

Mode infinitif.

TEMPS PRÉSENT.	TEMPS PASSÉ.
Se repentir.	S'être repenti *ou* repentie, etc.

Mode participe.

TEMPS PRÉSENT.	TEMPS PASSÉ.
Se repentant.	S'être repenti *ou* repentie, etc.

Ainsi se conjuguent : Se douter, se moquer, s'absenter, s'emparer, s'agenouiller, s'élancer, s'efforcer, s'écrier, s'échapper, s'inquiéter, se réjouir, s'enrichir, s'évanouir, se perdre, se défendre.

Verbes impersonnels.

§ 217. — On appelle verbes *impersonnels* ceux qui ne s'emploient dans tous les temps qu'à la troisième personne du singulier : *il faut, il importe, il pleut*, etc.

Ils se conjuguent ainsi :

---

§ 218. — *Verbe impersonnel* **IL FAUT.**

Mode indicatif.

TEMPS PRÉSENT.	TEMPS PASSÉ ANTÉRIEUR.
Il faut.	Il eut fallu.
TEMPS IMPARFAIT.	TEMPS PLUS-QUE-PARFAIT.
Il fallait.	Il avait fallu.
TEMPS PASSÉ DÉFINI.	TEMPS FUTUR.
Il fallut.	Il faudra.
TEMPS PASSÉ INDÉFINI.	TEMPS FUTUR ANTÉRIEUR.
Il a fallu.	Il aura fallu.

Mode conditionnel.

TEMPS PRÉSENT.	TEMPS PASSÉ.
Il faudrait.	Il aurait *ou* il eût fallu.

Mode subjonctif.

TEMPS PRÉSENT.	TEMPS PASSÉ.
Qu'il faille.	Qu'il ait fallu.
TEMPS IMPARFAIT.	TEMPS PLUS-QUE-PARFAIT.
Qu'il fallût.	Qu'il eût fallu.

Mode infinitif : présent.

Falloir.

Mode participe : passé.

Ayant fallu.

Ainsi se conjuguent : Il tonne, il grêle, il pleut, il importe, il résulte, etc.

Verbes conjugués sous la forme interrogative.

§ 219. — Les verbes conjugués sous la forme *interrogative* diffèrent des autres en ce que les pronoms se mettent, dans les temps simples, après le verbe; dans les temps composés, entre l'auxiliaire et le participe.

Les verbes ne s'emploient interrogativement qu'aux temps du mode indicatif et du mode conditionnel.

MODE INDICATIF.

Présent.	Aimé-je?	Aimons-nous?
	Aimes-tu?	Aimez-vous?
	Aime-t-il?	Aiment-ils?
Imparfait.	Aimais-je? etc.	
Passé indéfini.	Ai-je aimé? etc.	

MODE CONDITIONNEL.

Présent. Aimerais-je? etc.   Passé. Aurais-je aimé?

REMARQUES. — I. Quand la première personne se termine par *e* muet, on change cet *e* en *é* fermé.

Ex. : *Aimé*-je? *dussé*-je?

II. Quand la troisième personne du singulier se termine par *e* ou par *a*, on met un *t* entre le verbe et le pronom.

Ex. : Arrive-*t*-il aujourd'hui?

III. Si le verbe se termine par deux consonnes à la première personne, pour éviter un son dur et désagréable, on prend une autre tournure.

Ex. : *Est-ce que* je cours? *Est-ce que* je réponds?

§ 220. **Verbes conjugués sous la forme négative.**

Présent de l'indicatif. Je *ne* cours *pas* ou *point*, etc.

§ 221. **Verbes conjugués sous la forme interrogative et négative.**

Présent de l'indicatif. Ne parlé-je pas? etc.

VERBES IRRÉGULIERS.

§ 222. — On appelle verbes *irréguliers*, ceux qui ne se conjuguent pas comme les modèles que nous avons donnés.

§ 223. — On appelle verbes *défectifs*, ceux qui manquent de certains temps ou de certaines personnes.

QUESTIONNAIRE.

Comment conjugue-t-on les verbes sous la forme interrogative? — Comment conjugue-t-on les verbes sous la forme négative? — Comment conjugue-t-on les verbes sous la forme interrogative et négative?

§ 224. — PREMIÈRE

VERBES.	MODE INDICATIF.			
	PRÉSENT.	IMPARFAIT.	PARFAIT DÉFINI.	FUTUR.
ALLER.	Je vais, tu vas, il va. Nous allons, ils vont.	J'allais. Nous allions.	J'allai. Nous allâmes.	J'irai. Nous irons.
ENVOYER[1].	J'envoie. Nous envoyons.	J'envoyais. Nous envoyions.	J'envoyai. Nous envoyâmes	J'enverrai. Nous enverrons.

§ 225. — DEUXIÈME

VERBES.	PRÉSENT.	IMPARFAIT.	PARFAIT DÉFINI.	FUTUR.
ACQUÉRIR[2].	J'acquiers. Nous acquérons, ils acquièrent.	J'acquérais. Nous acquérions	J'acquis. Nous acquîmes.	J'acquerrai. Nous acquerrons
ASSAILLIR[3].	J'assaille. Nous assaillons.	J'assaillais. Nous assaillions.	J'assaillis. Nous assaillîmes	J'assaillirai. Nous assaillirons.
BOUILLIR.	Je bous. Nous bouillons.	Je bouillais. Nous bouillions.	Je bouillis. Nous bouillîmes.	Je bouillirai. Nous bouillirons
COURIR[4].	Je cours. Nous courons.	Je courais. Nous courions.	Je courus. Nous courûmes.	Je courrai. Nous courrons.
CUEILLIR[5].	Je cueille. Nous cueillons.	Je cueillais. Nous cueillions.	Je cueillis. Nous cueillîmes.	Je cueillerai. Nous cueillerons
DORMIR[6].	Je dors. Nous dormons.	Je dormais. Nous dormions.	Je dormis. Nous dormîmes.	Je dormirai. Nous dormirons.
FAILLIR[7].	Je faux, tu faux, il faut. Nous faillons.	Je faillais. Nous faillions.	Je faillis. Nous faillîmes.	Je faudrai. Nous faudrons
FUIR[8].	Je fuis. Nous fuyons, ils fuient.	Je fuyais. Nous fuyions.	Je fuis. Nous fuîmes.	Je fuirai. Nous fuirons.
GÉSIR.	Ci-gît, il gît. Nous gisons.	Je gisais. Nous gisions.	. . . .	. . . .
MENTIR[9].	Je mens. Nous mentons.	Je mentais Nous mentions.	Je mentis. Nous mentîmes.	Je mentirai. Nous mentirons.

1. Il en est de même de *renvoyer;* mais *convoyer, dévoyer, fourvoyer, louvoyer* sont réguliers.

2. Conjuguez de même *conquérir, s'enquérir, requérir.*

3. Conjuguez de même *tressaillir.*

4. Conjuguez de même *accourir.*

5. Conjuguez de même *accueillir, recueillir* et les autres composés.

CONJUGAISON.

MODE CONDITIONNEL	MODE IMPÉRATIF.	MODE SUBJONCTIF.		MODE PARTICIPE.
		PRÉSENT.	IMPARFAIT.	
...rais.	Va.	Que j'aille.	Que j'allasse.	Allant.
...us irions.	Allons.	Que ' nous allions.	Que nous allassions.	Allé.
...nverrais. ...us enverrions	Envoie. Envoyons.	Que j'envoie. Que nous envoyions.	Que j'envoyasse. Que nous envoyassions.	Envoyant. Envoyé.

CONJUGAISON.

MODE CONDITIONNEL	MODE IMPÉRATIF.	MODE SUBJONCTIF.		MODE PARTICIPE.
		PRÉSENT.	IMPARFAIT.	
...cquerrais. ...us acquer- ons.	Acquiers. Acquérons.	Que j'acquière. Que nous acqué- rions.	Que j'acquisse. Que nous ac- quissions.	Acquérant. Acquis.
...ssaillirais. ...us assailli- ions.	Assaille. Assaillons.	Que j'assaille. Que nous assail- lions.	Que j'assaillisse. Que nous assail- lissions.	Assaillant. Assailli.
bouillirais. ...us bouilli- rions.	Bous. Bouillons.	Que je bouille. Que nous bouil- lions.	Que je bouillisse Que nous bouil- lissions.	Bouillant. Bouilli.
courrais. ...us courrions.	Cours. Courons.	Que je coure. Que nous cou- rions.	Que je courusse. Que nous cou- russions.	Courant. Couru.
cueillerais. ...us cueille- ons.	Cueille. Cueillons.	Que je cueille. Que nous cueil- lions.	Que je cueillisse Que nous cueil- lissions.	Cueillant. Cueilli.
dormirais. ...us dormirions	Dors. Dormons.	Que je dorme. Que nous dor- mions.	Que je dormisse Que nous dor- missions.	Dormant. Dormi (invaria- ble).
faudrais. ...us faudrions.	....	....	....	Faillant. Failli (invaria- ble).
fuirais. ...us fuirions.	Fuis. Fuyons.	Que je fuie. Que n. fuyions.	Que je fuisse. Que nous fuis- sions.	Fuyant. Fui.
....	....	....	....	Gisant.
mentirais. ...us mentirions	Mens. Mentons.	Que je mente. Que nous men- tions.	Que je mentisse. Que nous men- tissions.	Mentant. Menti (invaria- ble).

5. Conjuguez de même *endormir* et *s'endormir*, qui ont le participe passé va-
ble : *endormi.*
7. *Défaillir* a les mêmes temps, sauf le futur. Du reste, le verbe *faillir* est peu usité
...s cette forme ; l'usage tend de plus en plus à rendre ce verbe régulier : *Je faillis*, etc.
8. Conjuguez de même *s'enfuir.*
9. Conjuguez de même *démentir*, dont le participe passé est variable : *démenti*,
...tir et *repentir*, se conjuguent comme *mentir.*

VERBES.	MODE INDICATIF.			
	PRÉSENT.	IMPARFAIT.	PARFAIT DÉFINI.	FUTUR.
MOURIR.	Je meurs. Nous mourons, ils meurent.	Je mourais. Nous mourions.	Je mourus. Nous mourûmes.	Je mourrai. Nous mourrons.
OFFRIR[1].	J'offre. Nous offrons.	J'offrais. Nous offrions.	J'offris. Nous offrîmes.	J'offrirai. Nous offrirons.
OUIR.	....	J'oyais (rare).	J'ouïs (rare).	....
PARTIR[2].	Je pars. Nous partons.	Je partais. Nous partions.	Je partis. Nous partîmes.	Je partirai. Nous partirons.
SAILLIR[3].	Il saille. Ils saillent.	Il saillait. Ils saillaient.	....	Il saillera. Ils sailleront.
SAILLIR[4].	Il saillit. Ils saillissent.	Il saillissait. Ils saillissaient.	Il saillit. Ils saillirent.	Il saillira. Ils sailliront.
SERVIR[5].	Je sers. Nous servons.	Je servais. Nous servions.	Je servis. Nous servîmes.	Je servirai. Nous servirons.
SORTIR[6].	Je sors. Nous sortons.	Je sortais. Nous sortions.	Je sortis. Nous sortîmes.	Je sortirai. Nous sortirons.
TENIR[7].	Je tiens. Nous tenons.	Je tenais. Nous tenions.	Je tins. Nous tînmes.	Je tiendrai. Nous tiendrons.
VÊTIR[8].	Je vêts, tu vêts, il vêt. N. vêtons, vous vêtez, ils vêtent	Je vêtais. Nous vêtions.	Je vêtis. Nous vêtîmes.	Je vêtirai. Nous vêtirons.

§ 226. — TROISIÈME

	PRÉSENT.	IMPARFAIT.	PARFAIT DÉFINI.	FUTUR.
ASSEOIR.	J'assieds, j'assois, Nous asseyons, nous assoyons (rare).	J'asseyais, j'assoyais, Nous asseyions.	J'assis, Nous assîmes.	J'assiérai, j'asseyerai, Nous assiérons.
DÉCHOIR[9].	Je déchois, Nous déchoyons, ils déchoient.	....	Je déchus, Nous déchûmes.	Je décherrai, N. décherrons.

1. *Ouvrir*, *rouvrir*, *couvrir*, se conjuguent comme *offrir*; il en est de même de *souffrir*.

2. Ainsi se conjugue *repartir*, dans le sens de *partir de nouveau*, et de *répliquer*; mais *répartir*, dans le sens de *distribuer*, est régulier : *je répartis, je répartissais*, etc.

3. Ce verbe, dans le sens de *s'avancer au dehors*, *être en saillie*, ne s'emploie qu'aux troisièmes personnes et aux temps indiqués.

4. Dans le sens de *jaillir*, ce verbe est régulier, mais il ne s'emploie qu'aux troisièmes personnes et au présent de l'infinitif. Ex. : Du rocher *saillit* une source d'eau vive.

MODE CONDITIONNEL	MODE IMPÉRATIF.	MODE SUBJONCTIF.		MODE PARTICIPE.
		PRÉSENT.	IMPARFAIT.	
e mourrais.	Meurs.	Que je meure.	Que je mourusse	Mourant.
lous mourrions.	Mourons.	Que nous mou-rions.	Que nous mou-russions.	Mort.
'offrirais.	Offre.	Que j'offre.	Que j'offrisse.	Offrant.
lous offririons.	Offrons.	Que nous of-frions.	Que nous offris-sions.	Offert.
. . . .	Oyons (rare). Oyez.	. . . .	. . . .	Ouï.
e partirais.	Pars.	Que je parte.	Que je partisse.	Partant.
'ous partirions.	Partons.	Que nous par-tions.	Que nous par-tissions.	Parti.
l saillerait.	. . . .	. . . .	. . . .	
s sailleraient.				
l saillirait.	. . . .	Qu'il saillisse.	Qu'il saillît.	Saillissant.
s sailliraient.		Qu'ils saillissent	Qu'ils saillissent	Sailli.
e servirais.	Sers.	Que je serve.	Que je servisse.	Servant.
ous servirions.	Servons.	Que nous ser-vions.	Que nous ser-vissions.	Servi.
e sortirais.	Sors.	Que je sorte.	Que je sortisse.	Sortant.
ous sortirions.	Sortons.	Que nous sor-tions.	Que nous sor-tissions.	Sorti.
e tiendrais.	Tiens.	Que je tienne.	Que je tinsse.	Tenant.
ous tiendrions.	Tenons.	Que nous tenions	Que nous tins-sions.	Tenu.
e vêtirais.	Vêts.	Que je vête.	Que je vêtisse.	Vêtant.
ous vêtirions.	Vêtons, vêtez.	Que nous vê-tions.	Que nous vêtis-sions.	Vêtu.

CONJUGAISON.

assiérais, ous assiérions.	Assieds, as-sois, Asseyons, as-soyons, Assoyez.	Que j'asseye, que j'assoie. Que nous as-seyions.	Que j'assisse, Que nous assis-sions.	Asseyant, as-soyant, Assis.
décherrais, ous décher-ions.	. . . .	Que je déchoie, Que nous dé-choyions.	Que je déchusse, Que nous dé-chussions.	Déchu.

5. Ainsi se conjugue *desservir ;* mais *asservir* est régulier : *j'asservis, j'asservis-is,* etc.

6. Ainsi se conjugue *ressortir* dans le sens de *sortir de nouveau ;* mais *ressortir* ns le sens de *dépendre de quelque juridiction* est régulier : *je ressortis, je ressor-sais, etc.*

7. Ainsi se conjuguent *appartenir, soutenir, maintenir ;* il en est de même de *venir.*

8. Les composés *revêtir* et *dévêtir* se conjuguent de même.

9. Le verbe simple *choir* n'est usité qu'à l'infinitif et quelquefois au participe passé : *i, chue.*

VERBES.	MODE INDICATIF.			
	PRÉSENT.	IMPARFAIT.	PARFAIT DÉFINI.	FUTUR.
ÉCHOIR.	Il échoit.	....	J'échus.	J'écherrai. ....
FALLOIR.	Il faut.	Il fallait.	Il fallut.	Il faudra.
MOUVOIR [1].	Je meus, Nous mouvons, ils meuvent.	Je mouvais, Nous mouvions.	Je mus, Nous mûmes.	Je mouvrai, Nous mouvrons.
PLEUVOIR [2].	Il pleut.	Il pleuvait.	Il plut.	Il pleuvra.
POURVOIR.	Je pourvois. Nous pour- voyons.	Je pourvoyais, Nous pour- voyions.	Je pourvus, Nous pourvûmes	Je pourvoirai, Nous pourvoi- rons.
POUVOIR [3].	Je peux, je puis, tu peux, il peut, Nous pouvons, ils peuvent.	Je pouvais, Nous pouvions.	Je pus, Nous pûmes.	Je pourrai, Nous pourrons.
SAVOIR.	Je sais, Nous savons.	Je savais, Nous savions.	Je sus, Nous sûmes.	Je saurai, Nous saurons.
SEOIR (résider, être placé.)	....	....	....	....
SEOIR. (être conve- nable.)	Il sied, Ils siéent.	Il seyait, Ils seyaient.	....	Il siéra, Ils siéront.
SURSEOIR.	Je surseois, Nous sursoyons.	Je sursoyais, Nous sursoyions	Je sursis, Nous sursîmes.	Je surseoirai, Nous surseoi- rons.
VALOIR [4].	Je vaux, tu vaux, il vaut, Nous valons.	Je valais, Nous valions.	Je valus, Nous valûmes.	Je vaudrai, Nous vaudrons.
VOIR [5].	Je vois, Nous voyons, ils voient.	Je voyais, Nous voyions.	Je vis, Nous vîmes.	Je verrai, Nous verrons.
VOULOIR.	Je veux, tu veux, il veut, Nous voulons, ils veulent.	Je voulais, Nous voulions.	Je voulus, Nous voulûmes.	Je voudrai, Nous voudrons.

1. Ainsi se conjugue *émouvoir*. *Promouvoir* n'est guère usité qu'à l'infinitif, au participe passé *promu* et aux temps composés.

2. Au figuré, ce verbe peut avoir la troisième personne du pluriel : les coups *pleuvent* sur lui.

MODE CONDITIONNEL	MODE IMPÉRATIF.	MODE SUBJONCTIF.		MODE PARTICIPE.
		PRÉSENT.	IMPARFAIT.	
....	....	....	Que j'échusse.	Échéant, Échu.
Il faudrait.	....	Qu'il faille.	Qu'il fallût.	Fallu (invar.)
Je mouvrais, Nous mouvrions	Mens, Mouvons.	Que je meuve, Que nous mouvions.	Que je musse, Que vous mussions.	Mouvant, Mû.
Il pleuvrait.	....	Qu'il pleuve.	Qu'il plût.	Pleuvant, plu.
Je pourvoirais, Nous pourvoirions.	Pourvois, Pourvoyons.	Que je pourvoie, Que nous pourvoyions.	Que je pourvusse Que nous pourvussions.	Pourvoyant, Pourvu.
Je pourrais, Nous pourrions.	....	Que je puisse, Que nous puissions.	Que je pusse, Que nous pussions.	Pouvant, Pu (invariable).
Je saurais, Nous saurions.	Sache, Sachons.	Que je sache, Que nous sachions.	Que je susse, Que nous sussions.	Sachant, Su.
....	....	....	....	Séant, Sis.
Il siérait, Ils siéraient.	....	Qu'il siée, Qu'ils siéent.	....	Seyant.
Je surseoirais, Nous surseoirions.	....	....	Que je sursisse, Que nous sursissions.	Sursoyant, Sursis.
Je vaudrais, Nous vaudrions.	....	Que je vaille, Que n. valions, Qu'ils vaillent.	Que je valusse, Que nous valussions.	Valant, Valu.
Je verrais, Nous verrions.	Vois, Voyons.	Que je voie, Que n. voyions.	Que je visse, Que nous vissions.	Voyant, Vu.
Je voudrais, Nous voudrions.	Veux, veuille, Voulons, voulez et veuillez	Que je veuille, Que nous voulions, Qu'ils veuillent.	Que je voulusse, Que nous voulussions.	Voulant, Voulu.

3. Dans l'interrogation on dit : *puis-je?* et non *peux-je?*

4. Conjuguez de même *équivaloir*, *prévaloir*; ce dernier fait au subjonctif présent : *que je prévale.*

5. Conjuguez de même *revoir* et *entrevoir*; *prévoir* fait au futur, *je prévoirai.*

§ 227. — QUATRIÈME

VERBES.	MODE INDICATIF.			
	PRÉSENT.	IMPARFAIT.	PARFAIT DÉFINI.	FUTUR.
ABSOUDRE[1].	J'absous, Nous absolvons.	J'absolvais, Nous absolvions.	. . . .	J'absoudrai, Nous absoudrons.
ATTEINDRE[2].	J'atteins, Nous atteignons.	J'atteignais, Nous atteignions.	J'atteignis, Nous atteignîmes.	J'atteindrai, Nous atteindrons.
BATTRE.	Je bats, Nous battons.	Je battais, Nous battions.	Je battis, Nous battîmes.	Je battrai, Nous battrons.
BOIRE.	Je bois, Nous buvons, ils boivent.	Je buvais, Nous buvions.	Je bus, Nous bûmes.	Je boirai, Nous boirons.
BRAIRE.	Il brait, Ils braient.	Il brayait, Ils brayaient.	. . . .	Il braira, Ils brairont.
BRUIRE.	Il bruit, Ils bruissent ou bruyent.	Il bruyait, Ils bruyaient.		
CLORE[3].	Je clos, tu clos, il clôt. (point de pluriel)	. . . .	. . . .	Je clorai.
CONCLURE[4].	Je conclus, Nous concluons.	Je concluais, Nous concluions	Je conclus, Nous conclûmes.	Je conclurai, Nous conclurons
CONDUIRE[5].	Je conduis, Nous conduisons	Je conduisais, Nous conduisions.	Je conduisis, Nous conduisîmes.	Je conduirai, Nous conduirons
CONFIRE[6].	Je confis, Nous confisons.	Je confisais, Nous confisions.	Je confis, Nous confîmes.	Je confirai, Nous confirons.
CONNAITRE[7].	Je connais, Nous connaissons.	Je connaissais, Nous connaissions.	Je connus, Nous connûmes.	Je connaîtrai, Nous connaîtrons.
COUDRE[8].	Je couds, Nous cousons.	Je cousais, Nous cousions.	Je cousis, Nous cousîmes.	Je coudrai. Nous coudrons.

1. Conjuguez de même *dissoudre* et *résoudre*. Mais ce dernier a en outre le parfait défini *je résolus*, l'imparfait du subjonctif *que je résolusse*, et le double participe passé *résolu* et *résous, résoute*.

2. Conjuguez de même les verbes en *eindre, aindre, oindre*.

3. Conjuguez de même *enclore*.

CONJUGAISON.

MODE CONDITIONNEL	MODE IMPÉRATIF.	MODE SUBJONCTIF.		MODE PARTICIPE.
		PRÉSENT.	IMPARFAIT.	
J'absoudrais, Nous absou-drions.	Absous, Absolvons.	Que j'absolve, Que nous absol-vions.	....	Absolvant, Absous, absoute.
J'atteindrais, Nous attein-drions.	Atteins, Atteignons.	Que j'atteigne, Que nous attei-gnions.	Que j'atteignisse Que nous attei-gnissions.	Atteignant, Atteint.
Je battrais, Nous battrions.	Bats, Battons.	Que je batte, Que nous bat-tions.	Que je battisse, Que nous battis-sions.	Battant, Battu.
Je boirais, Nous boirions.	Bois, Buvons.	Que je boive, Que nous bu-vions, qu'ils boivent.	Que je busse. Que nous bus-sions.	Buvant, Bu.
Il brairait, Ils brairaient.	....	Qu'il braye, Qu'ils brayent.	....	Brayant.
....	....	....	....	....
Je clorais.	Clos.	....	....	Clos.
Je conclurais, Nous conclu-rions.	Conclus, Concluons.	Que je conclue, Que nous con-cluions.	Que je conclusse Que nous con-clussions.	Concluant, Conclu.
Je conduirais, Nous condui-rions.	Conduis, Conduisons.	Que je conduise, Que nous con-duisions.	Que je condui-sisse, Que nous con-duisissions.	Conduisant, Conduit.
Je confirais, Nous confirions.	Confis, Confisons.	Que je confise, Que nous confi-sions.	....	Confisant, Confit.
Je connaîtrais, Nous connaî-trions.	Connais, Connaissons.	Que je connaisse Que nous con-naissions.	Que je connusse, Que nous con-nussions.	Connaissant, Connu.
Je coudrais, Nous coudrions.	Couds, Cousons.	Que je couse, Que nous cou-sions.	Que je cousisse, Que nous cousis-sions.	Cousant, Cousu.

4. Conjuguez de même *exclure*.

5. Ainsi se conjuguent les verbes en *uire*, excepté *bruire*, *luire* et *nuire*.

6. *Suffire* se conjugue comme *confire*, excepté au participe passé, *suffi*.

7. Conjuguez ainsi les composés *méconnaître*, *reconnaître*.

8. Conjuguez de même *découdre* et *recoudre*.

VERBES.	MODE INDICATIF.			
	PRÉSENT.	IMPARFAIT.	PARFAIT DÉFINI.	FUTUR.
CROIRE.	Je crois, Nous croyons, ils croient.	Je croyais, Nous croyions.	Je crus, Nous crûmes.	Je croirai, Nous croirons.
CROITRE [1].	Je crois, tu crois, il croit, Nous croissons.	Je croissais, Nous croissions.	Je crûs, Nous crûmes.	Je croitrai, Nous croitrons.
DIRE [2].	Je dis, Nous disons, vous dites.	Je disais, Nous disions.	Je dis, Nous dîmes.	Je dirai, Nous dirons.
ÉCLORE.	Il éclôt, Ils éclosent.	. . . .	. . . .	Il éclora, Ils écloront.
ÉCRIRE [3].	J'écris, Nous écrivons.	J'écrivais, Nous écrivions.	J'écrivis, Nous écrivîmes.	J'écrirai, Nous écrirons.
FAIRE [4].	Je fais, tu fais, il fait. Nous faisons, vous faites, ils font.	Je faisais, Nous faisions.	Je fis, Nous fîmes.	Je ferai, Nous ferons.
FRIRE.	Je fris, tu fris, il frit.	. . . .	. . . .	Je frirai, tu friras, etc.
LIRE [5].	Je lis, Nous lisons.	Je lisais, Nous lisions.	Je lus, Nous lûmes.	Je lirai, Nous lirons.
LUIRE [6].	Je luis, Nous luisons.	Je luisais, Nous luisions.	. . . .	Je luirai, Nous luirons.
METTRE.	Je mets, Nous mettons.	Je mettais, Nous mettions.	Je mis, Nous mîmes.	Je mettrai, Nous mettrons.
MOUDRE.	Je mouds, tu mouds, il moud. Nous moulons, vous moulez, il moulent.	Je moulais, Nous moulions.	Je moulus, Nous moulûmes.	Je moudrai, Nous moudrons.

1. Les composés *accroître*, *décroître* ne prennent pas l'accent circonflexe au participe passé : *accru*, *décru*.

2. *Redire* est le seul qui fasse *redites* à l'indicatif présent : on dit *vous contredisez*, *vous dédisez*, etc., mais à l'impératif on les conjugue comme *dire* : *contredites-moi*; *maudire* fait : *nous maudissons*, *je maudissais*, *maudissant*.

3. Conjuguez de même les dérivés *décrire*, *inscrire*, etc.

MODE CONDITIONNEL	MODE IMPÉRATIF.	MODE SUBJONCTIF.		MODE PARTICIPE.
		PRÉSENT.	IMPARFAIT.	
Je croirais, Nous croirions.	Crois, Croyons.	Que je croie, Que nous croyions.	Que je crusse, Que nous crussions.	Croyant, Cru.
Je croîtrais, Nous croîtrions.	Crois, Croissons.	Que je croisse, Que nous croissions.	Que je crusse, Que nous crussions.	Croissant, Crû.
Je dirais, Nous dirions.	Dis, Disons, dites.	Que je dise, Que nous disions.	Que je disse, Que nous dissions.	Disant, Dit.
Il éclorait, Ils écloraient.	....	Qu'il éclose, Qu'ils éclosent.	....	Éclos.
J'écrirais, Nous écririons.	Écris, Ecrivons.	Que j'écrive, Que nous écrivions.	Que j'écrivisse, Que nous écrivissions.	Écrivant, Écrit.
Je ferais, Nous ferions.	Fais, Faisons, faites.	Que je fasse, Que nous fassions.	Que je fisse, Que nous fissions.	Faisant, Fait.
Je frirais, tu frirais, etc.	Fris.	....	....	Frit, frite.
Je lirais, Nous lirions.	Lis, Lisons, lisez.	Que je lise, Que nous lisions.	Que je lusse, Que nous lussions.	Lisant, Lu.
Je luirais, Nous luirions.	Luis, Luisons.	Que je luise, Que nous luisions.	....	Luisant, Lui (invariable).
Je mettrais, Nous mettrions.	Mets, Mettons.	Que je mette, Que nous mettions.	Que je misse, Que nous missions.	Mettant, Mis.
Je moudrais, Nous moudrions.	Mouds, Moulons.	Que je moule, Que nous moulions.	Que je moulusse Que nous moulussions.	Moulant, Moulu.

4. Ainsi se conjuguent *contrefaire, défaire* etc. *Parfaire* et *forfaire* ne s'emploient qu'au présent de l'infinitif et aux temps composés. *Malfaire et méfaire* n'ont que le présent de l'infinitif.

5. Ainsi se conjuguent les composés *relire*, etc.

6. Ainsi se conjugue *reluire*.

VERBES.	MODE INDICATIF.			
	PRÉSENT.	IMPARFAIT.	PARFAIT DÉFINI.	FUTUR.
NAITRE [1]	Je nais, tu nais, il nait, Nous naissons.	Je naissais, Nous naissions.	Je naquis, Nous naquîmes.	Je naitrai, Nous naitrons.
NUIRE.	Je nuis, Nous nuisons.	Je nuisais, Nous nuisions.	Je nuisis, Nous nuisîmes.	Je nuirai, Nous nuirons.
PAITRE [2].	Je pais, il pait, Nous paissons.	Je paissais, Nous paissions.	....	Je paitrai.
PARAITRE [3].	Je parais, il parait, Nous paraissons.	Je paraissais, Nous paraissions.	Je parus, Nous parûmes.	Je paraitrai, Nous paraîtrons.
PLAIRE [4].	Je plais, il plait, Nous plaisons.	Je plaisais, Nous plaisions.	Je plus, Nous plûmes.	Je plairai, Nous plairons.
PRENDRE [5].	Je prends, Nous prenons.	Je prenais, Nous prenions.	Je pris, Nous prîmes.	Je prendrai, Nous prendrons.
RIRE [6].	Je ris, Nous rions.	Je riais, Nous riions.	Je ris, Nous rîmes.	Je rirai, Nous rirons.
SUIVRE [7].	Je suis, Nous suivons.	Je suivais, Nous suivions.	Je suivis, Nous suivîmes.	Je suivrai, Nous suivrons.
TAIRE.	Je tais, Nous taisons.	Je taisais, Nous taisions.	Je tus, Nous tûmes.	Je tairai, Nous tairons.
TRAIRE [8].	Je trais, Nous trayons, ils traient.	Je trayais, Nous trayions.	....	Je trairai, Nous trairons.
VAINCRE.	Je vaincs, il vainc, Nous vainquons.	Je vainquais, Nous vainquions	Je vainquis, Nous vainquîmes.	Je vaincrai, Nous vaincrons.
VIVRE [9].	Je vis, Nous vivons.	Je vivais, Nous vivions.	Je vécus, Nous vécûmes.	Je vivrai, Nous vivrons.

1. Ainsi se conjugue *renaître*.

2. *Repaître* a de plus : *je repus, j'ai repu, que je repusse, repu.*

3. Ce verbe se conjugue avec l'auxiliaire *avoir*. *Apparaître* et *disparaître* prennent les deux auxiliaires et ont le participe passé variable.

4. Conjuguez de même *complaire* et *déplaire*.

5. Ainsi se conjuguent *apprendre, comprendre.*

MODE CONDITIONNEL	MODE IMPÉRATIF.	MODE SUBJONCTIF.		MODE PARTICIPE.
		PRÉSENT.	IMPARFAIT.	
Je naîtrais,	Nais,	Que je naisse,	Que je naquisse,	Naissant,
Nous naîtrions.	Naissons.	Que nous naissions.	Que nous naquissions.	Né.
Je nuirais,	Nuis,	Que je nuise,	Que je nuisisse,	Nuisant,
Nous nuirions.	Nuisons.	Que nous nuisions.	Que nous nuisissions.	Nui (invariable).
. . . .	Pais, Paissons.	Que je paisse.	. . . .	Paissant.
Je paraîtrais,	Parais,	Que je paraisse,	Que je parusse,	Paraissant,
Nous paraîtrions	Paraissons.	Que nous paraissions.	Que nous parussions.	Paru (invariable).
Je plairais,	Plais,	Que je plaise,	Que je plusse,	Plaisant,
Nous plairions.	Plaisons.	Que nous plaisions.	Que nous plussions.	Plu (invariable).
Je prendrais,	Prends,	Que je prenne,	Que je prisse,	Prenant,
Nous prendrions	Prenons.	Que nous prenions.	Que nous prissions.	Pris.
Je rirais,	Ris,	Que je rie,	Que je risse,	Riant,
Nous ririons.	Rions.	Que nous riions.	Que nous rissions.	Ri (invariable).
Je suivrais,	Suis,	Que je suive,	Que je suivisse,	Suivant,
Nous suivrions.	Suivons.	Que nous suivions.	Que nous suivissions.	Suivi.
Je tairais,	Tais,	Que je taise.	Que je tusse,	Taisant,
Nous tairions.	Taisons.	Que nous taisions.	Que nous tussions.	Tu.
Je trairais,	Trais,	Que je traie,	. . . .	Trayant,
Nous trairions.	Trayons.	Que n. trayions.		Trait.
Je vaincrais,	Vaincs,	Que je vainque,	Que je vainquisse,	Vainquant,
Nous vaincrions.	Vainquons.	Que nous vainquions.	Que nous vainquissions.	Vaincu.
Je vivrais,	Vis,	Que je vive,	Que je vécusse,	Vivant,
Nous vivrions.	Vivons.	Que nous vivions.	Que nous vécussions.	Vécu (invariable).

6. Ainsi se conjugue *sourire*.

7. Conjuguez de même *poursuivre*. *S'ensuivre* ne s'emploie qu'à la troisième personne du singulier et du pluriel.

8. Ainsi se conjuguent les composés de *traire*.

9. *Revivre* et *survivre* se conjuguent de même.

Exercices au tableau sur les verbes irréguliers[1].

PREMIÈRE CONJUGAISON.

Ex. 500-505. Ecrivez les verbes *aller* et *envoyer* à la première personne du singulier et du pluriel : 1° du présent de l'indicatif; 2° de l'imparfait de l'indicatif; 3° du futur simple; 4° du présent du subjonctif, 5° de l'imparfait du subjonctif; 6° du conditionnel passé.

Ex. 506-511. Mettez ces verbes à la 2e personne du singulier et du pluriel des mêmes temps.

Ex. 512-517. Mettez ces verbes à la 3e personne du singulier et du pluriel des mêmes temps.

DEUXIÈME CONJUGAISON.

Ex. 518-523. Ecrire les verbes suivants à la première personne du singulier et du pluriel.

1° du présent de l'indicatif; — 2° de l'imparfait de l'indicatif; — 3° du futur simple; — 4° du présent du subjonctif; — 5° de l'imparfait du subjonctif; — 6° du conditionnel passé.

Acquérir. Assaillir. Bouillir. Courir. Cueillir. Dormir. Faillir. Fuir. Mentir. Mourir. Offrir. Partir. Sentir. Sortir. Souffrir. Tenir. Venir. Revêtir.

TROISIÈME CONJUGAISON.

Ex. 524-526. Ecrire les verbes suivants à la 2e personne du singulier et du pluriel : 1° du parfait défini; 2° du futur; 3° du présent du subjonctif et du plus-que-parfait de l'indicatif.

Asseoir. Déchoir. Mouvoir. Pouvoir. Savoir. Falloir. Voir. Vouloir.

QUATRIÈME CONJUGAISON.

Ecrire les verbes suivants à la 3e personne du singulier et du pluriel.

1° du présent de l'indicatif; — 2° du passé antérieur; — 3° du présent du subjonctif; — 4° du futur simple; — 5° du passé défini; — 6° du plus-que-parfait du subjonctif; — 7° du futur antérieur.

Ex. **527-533.** Absoudre. Battre. Boire. Ceindre. Conclure. Conduire. Confire. Contraindre. Coudre. Craindre. Croire. Croître. Dire. Maudire. Ecrire.

Ex. **534-538.** Faire. Joindre. Lire. Mettre. Moudre. Naître. Paître. Paraître. Peindre. Prendre. Résoudre. Rire. Suivre. Traire. Vaincre. Vivre.

---

1. Nous donnons ici quelques modèles d'exercices au tableau sur les verbes irréguliers; *ces exercices devront être reproduits sous toutes les formes, de vive voix et par écrit :* c'est la seule manière de fixer dans l'esprit de l'élève ces diverses irrégularités qu'il lui est absolument indispensable de connaître.

Récapitulation sur les verbes irréguliers.

L'AVEUGLE ET L'ENFANT.

Ecrivez : « *les Aveugles et les Enfants* » et mettez au pluriel les verbes et les mots indiqués.

Ex. 539. *Pauvre aveugle*, tu *vas* à tâtons, *triste* et *pensif*, sur la route poudreuse; en vain tu *lèves ton œil éteint*, et tu *offres* ton front aux brûlants rayons que le soleil nous *envoie* ; *ton œil est* à jamais *fermé*; tu n'*aperçois* plus la douce lumière du jour. *Appuie*-toi bien sur ton bâton, et *prends* bien garde, en côtoyant le fossé qui borde la route, que tu ne *quittes* le sentier poudreux.

Ex. 540. Tu *irais* alors à l'aventure, sans trouver peut-être une âme charitable qui guidât tes pas chancelants. Mais voici qu'*une ronce retient* l'utile bâton ; *la faible main* de *l'aveugle* va le laisser rouler au fond du fossé, et le *malheureux se tient* là *immobile*, n'osant faire un pas. Où *ira-t-il*, que deviendra-t-il maintenant? qui enverra chercher *son guide* et *son soutien*.

Ex. 541. *Un enfant arrive* en chantant ; de loin *il voit le vieil aveugle arrêté*; *il s'approche*, et, dès qu'*il entend* ses plaintes : — *Ne crains* rien, *bon vieillard* ; *je vais* chercher *le bâton*. *Il descend* dans le fossé, et tout *ému*, *met* le bâton dans *la main* de *l'aveugle*, qui *lui dit: Va, mon enfant :* cette nuit Dieu *t'enverra* un doux sommeil, car *tu as* un bon cœur.

CONFESSION D'UN MAUVAIS ÉLÈVE.

Mettez l'exercice suivant à la 1re personne du pluriel.

Ex. 542. Je reçois tous les jours des réprimandes; car je ne puis pas maîtriser ma pétulance. Je m'assieds mal sur mon banc ; je meus constamment mes bras ou mes jambes : je sais rarement mes leçons et je déchois tous les jours dans l'estime de mes professeurs. Je vois parfaitement l'utilité du travail ; mais je ne veux pas travailler. En résumé, je ne vaux pas grand'chose, je le sais, et je dois nécessairement me corriger si je veux reconquérir l'estime de mes maîtres et la mienne.

Ex. 543-560. 1° Mettez le même exercice à toutes les personnes du présent, de l'imparfait de l'indicatif et du passé défini.

Ex. 561-572. 2° Donnez pour titre : « Confession d'un bon élève ; » faites les changements convenables, et mettez les verbes à toutes les personnes du futur et du conditionnel.

Ex. 573. 3° Donnez pour titre à ce morceau : Résolutions d'un élève repentant,» et mettez les mêmes verbes au subjonctif, en les faisant précéder de « Il ne faut pas que je..., car il convient que... » suivant que le sens l'exige.

Emploi de l'indicatif et du subjonctif.
Emploi de l'indicatif.

§ 228. — Si l'on considère comme *certain* et *positif* ce qui est exprimé dans la proposition subordonnée, on met à *l'indicatif* le verbe de cette proposition.

Ex. : Je suis assuré — que Dieu *voit* tout.

§ 229. — On emploie encore l'indicatif après certaines conjonctions, comme, *aussitôt que, autant que, depuis que, lorsque, pendant que, tant que, vu que.*

Ex. : Il faut, *autant qu'on peut*, obliger tout le monde.

Emploi du subjonctif.

§ 230. — Si l'on considère comme *vague* et *douteux* ce qui est exprimé dans la proposition subordonnée on met au *subjonctif* le verbe de cette proposition.

On emploie donc le subjonctif :

1° Après les verbes ou les locutions qui marquent le doute, la crainte, la volonté, le désir, la défense, la permission, la nécessité.

Ex. : Je doute — *qu'il vienne.*

2° Après les impersonnels *il faut, il importe, il convient.*

Ex. : Il faut — *que je dise* la vérité.

§ 231. — On emploie encore le subjonctif après certaines conjonctions, comme *afin que, avant que, de peur que, pour que, pourvu que, quoique.*

Ex. : Obéissez — *pour qu'on vous obéisse* un jour.

Quel temps du subjonctif il faut employer.

§ 232. — Première règle. Après le présent et le futur de l'indicatif, on emploie le *présent* du subjonctif, si l'action est présente ou future ; le *passé*, si elle est passée.

Ex. : Il *faut* — que je lui *obéisse.*
Je *doute* — que vous *ayez travaillé.*

Deuxième règle. — Après l'un des temps du passé ou du conditionnel, on emploie l'*imparfait* du subjonctif, si l'action est présente ou future ; le *plus-que-parfait*, si elle est passée.

Ex. : Je *craignais* — qu'il ne *fût* malade.
Vous *avez* bien *voulu* — que je *vinsse* avec vous.
Je *désirerais* — que l'on *s'occupât* davantage de cet enfant.
Je ne *savais* pas — que vous *eussiez étudié* ce livre avec tant de soin.

Dans les deux morceaux suivants, mettez le verbe en *italique* au temps convenable du subjonctif.

MÉPRISEZ LES INJURES.

Ex. **574.** Je ne crois pas que nos ennemis nous (*attaquent*) longtemps, s'ils découvraient en nous une force d'indifférence que leurs méchants discours ne (*peuvent*) entamer. Au contraire, il n'est pas douteux que l'attention que l'on prête à leurs insultes, n'(*est*) le plus sûr moyen qu'il y (*a*) de les perpétuer. Ainsi, il n'est personne qui n'*éteigne* bientôt la malignité de ses ennemis, s'il n'opposait à leurs railleries que l'indifférence.

Ex. **575.** Un général, dont on déchirait la réputation, se plaignit au maréchal de Luxembourg. Le maréchal, qui ne croyait pas qu'on (*doit*) s'occuper de ces sortes d'attaques, fredonnait d'un air distrait une chanson qu'on avait composée contre lui. « Eh bien, dit le général, donnerez-vous un ordre qui (*met*) fin à ces outrages? — Eh! n'entendez-vous pas, reprit le maréchal, que je vous réponds par la chanson qu'on chante contre moi? Croyez-moi, général, le meilleur parti que vous (*pouvez*) prendre, c'est *que vous* (*riez*), comme moi, des méchants propos. »

IL FAUT PARLER PEU, PENSER BEAUCOUP.

Ex. **576.** Un des meilleurs moyens que l'on (*a*) dans la jeunesse pour former son esprit, c'est de parler peu et d'écouter beaucoup. Mais on dirait que nos jeunes gens (*veulent*) prendre le contre-pied de cette sage maxime. Il leur serait utile cependant d'écouter les conversations sérieuses, et d'y prêter une attention qui leur (*fait*) faire de solides réflexions. S'il est vrai que vous (*avez*) du mérite, votre réserve lui donnera un nouvel éclat; si vous n'en avez pas, votre discrétion empêchera que l'on ne s'en (*aperçoit*).

Ex. **577.** Prenez donc une attitude qui (*convient*) à votre âge et à votre peu d'expérience. Gardez qu'on ne vous (*prend*) pour un ignorant. S'il est vrai que vous (*avez*) de l'esprit, ne vous empressez pas trop de le montrer. Il arrive rarement que l'on (*réussit*) à persuader les autres de ses qualités, quand on en paraît trop persuadé soi-même.

QUESTIONNAIRE.

Quand emploie-t-on l'indicatif dans les propositions subordonnées?
Quand emploie-t-on le subjonctif?

Quel temps du subjonctif faut-il employer?

CHAPITRE V

LE PARTICIPE.

Aimant, ayant aimé.

§ 233. — Le *participe* est un mot qui tient à la fois de l'adjectif et du verbe.

Il tient de l'adjectif, en ce qu'il sert comme lui à qualifier un nom.

Ex. : Cheval *courant* ; blé *fauché*.

Il tient du verbe, en ce qu'il marque le temps comme lui, et peut avoir un complément.

Ex. : *Aimant, ayant aimé* la patrie.

§ 234. — Il y a deux participes : le participe *présent* et le participe *passé*.

Participe présent et adjectif verbal.

Les oiseaux chantant sous l'ombrage.

§ 235. — Le *participe présent* est toujours invariable.

Ex. : Écoutez ces oiseaux *chantant* sous l'ombrage.

§ 236. — Mais il y a des adjectifs qui viennent aussi de verbes, et qu'on appelle pour cette raison *adjectifs verbaux*.

Les eaux dormantes.

§ 237. — L'*adjectif verbal* s'accorde en genre et en nombre avec le nom auquel il se rapporte.

Ex. : Les eaux *dormantes* sont meilleures pour les chevaux que les eaux vives.

Ce qui distingue le participe présent de l'adjectif verbal, c'est que le participe présent exprime essentiellement l'*action*, tandis que l'adjectif verbal exprime l'*état*, la *qualité*.

PARTICIPE PRÉSENT.	ADJECTIF VERBAL.
Elle était seule, *errant* sur le rivage.	Les Bédouins vivent *errants* dans les déserts.
J'aperçus des hommes *parlant* et *gesticulant*.	Ces gens-là sont tristes, *grondants* et *souffrants*.

Dans les premiers exemples, *errant, parlant, gesticulant,* expriment l'action d'*errer*, de *parler*, de *gesticuler ;* ce sont des participes présents, et par conséquent ils sont invariables. Dans les seconds exemples, *errants, grondants, souffrants,* expriment un état habituel ; ce sont de véritables adjectifs, et comme tels, ils prennent l'accord.

Faites accorder, s'il y a lieu, les mots entre parenthèses.

1° L'ÉRUPTION [1] D'UN VOLCAN.

Ex. 578. Tout à coup, au milieu du silence d'une nuit (*effrayant*), des bruits (*retentissant*) viennent frapper nos oreilles. Nous entendons de loin la mer (*mugissant*) rouler vers le rivage ses flots (*écumant*) et amoncelés. Les souterrains profonds de la terre sont ébranlés à coups redoublés. Le sol tremble sous nos pas (*chancelant* [2]). Nous courons, (*tremblant*) d'effroi, au milieu des ténèbres (*effrayant*).

Ex. 579. Nous voyons des rochers énormes (*volant*) de tous côtés. Une mer (*étincelant*) de feu inonde les campagnes voisines. Des forêts entières s'(*embrasant* [3]), la terre n'offre plus que l'image (*navrant* [4]) d'un vaste incendie, qu'anime le souffle de vents (*bruyant*) et impétueux. Bientôt de nouveaux gouffres [5], s'(*entrouvrant*) sous nos pas, nous montrent les entrailles de la terre, tandis que des tourbillons de flammes, (*volant*) vers nous des sommets (*étincelant*) de la montagne, menacent de nous engloutir sous leurs cendres (*brûlant*).   (D'après LACÉPÈDE [6].)

2° LA CATARACTE [7] DU NIAGARA.

Ex. 580. La cataracte se divise en deux larges branches. Entre les deux chutes (*retentissant*) s'avance une île (*verdoyant*), suspendue avec ses arbres sur les ondes (*mugissant*). La masse d'eau (*écumant*) qui se précipite au midi, se déroule en nappe [8] d'une neige (*étincelant*), et brille au soleil des plus (*brillant*) couleurs; celle qui tombe au levant, descend dans une ombre (*effrayant*).

Ex. 581. Des pins [9], des noyers sauvages, des rochers taillés en forme d'(*effrayant*) fantômes, décorent la scène (*émouvant*). Les aigles entraînés par le courant d'air, descendent en (*tournoyant*) au fond du gouffre, tandis que des kinkajoux [10] se (*suspendant*) par leurs longues queues au bout d'une branche (*pliant*), saisissent dans l'abîme les cadavres (*flottant*) des élans [11] et des ours.   (CHATEAUBRIAND.)

QUESTIONNAIRE.

Qu'est-ce que le participe ?

Combien y a-t-il de sortes de participe ?

Comment se termine le participe présent ?

Quelle est la règle du participe présent ?

Qu'entendez-vous par adjectif verbal ?

Quelle différence y a-t-il entre le participe présent et l'adjectif verbal ?

---

1. **Éruption**, sortie violente des matières projetées par un volcan.

2. **Chancelant**, mal assuré.

3. **S'embraser**, s'allumer.

4. **Navrer** vient d'un mot qui signifie blesser; il est pris ici au figuré pour « causer une profonde affliction. »

5. **Gouffre**, cavité profonde, abîme.

6. **Lacépède**, célèbre naturaliste français (1756-1825).

7. **Cataracte**, chute d'eau brusquement interjetée dans le cours d'un fleuve.

8. **En nappe**, l'eau ressemble à une nappe blanche.

9. **Pin**, arbre résineux à la taille élancée et au feuillage toujours vert.

10. **Kinkajoux**, espèce de singe que les naturalistes n'ont pu encore classer; il vit de fruits, est mammifère et ressemble au sapajou.

11. **Élan**, espèce de cerf qui habite les contrées septentrionales de l'Europe, de l'Asie et de l'Amérique.

LE PARTICIPE PASSÉ.

Régles du participe passé.

§ 238. — Le participe passé s'emploie de trois manières :
1° Ou il est seul.
2° Ou il est joint à l'auxiliaire *être ;*
3° Ou il est joint à l'auxiliaire *avoir.*
De là les trois cas suivants :

Premier cas. — Participe passé employé seul.

§ 239. — RÈGLE. Le participe passé employé seul s'accorde, comme l'adjectif, en genre et en nombre avec le nom auquel il se rapporte.

Ex. : Un homme *estimé.* Des hommes *estimé***s.** Une femme
*estimé*e. Des femmes *estimé***es.**

§ 240. — Pour savoir comment s'écrit un participe passé au masculin, il suffit de chercher le féminin. Ainsi *mis* s'écrit avec un *s, écri*t avec un *t, cueill*i avec un *i,* parce qu'on dit au féminin *mise, écrite, cueill*ie.

Deuxième cas. — Participe passé joint à l'auxiliaire ÊTRE.

§ 241. — RÈGLE. Le participe passé joint à l'auxiliaire *être,* s'accorde en genre et en nombre avec le sujet.

Ex. : Mon frère a été *puni.* Mes frères ont été *punis.*
Ma sœur a été *punie.* Mes sœurs ont été *punies.*

Faites accorder le participe s'il y a lieu.

Ex. 582. Fortune mal (*acquis*) ne profite jamais. — Une table bien (*servi*) ne fait pas le bonheur. — Les élèves (*estimé*) de leurs maîtres sont ceux qui travaillent. — Une leçon bien (*appris*) se retient longtemps. — Besogne (*remis*) à demain est rarement bien (*fait*). — Colomb découvrit des contrées (*ignoré*) avant lui. — La vérité (*méconnu*) parvient enfin à se faire jour. — Des enfants bien (*élevé*) sont les plus beaux joyaux d'une mère.

Ex. 583. Les enfants paresseux seront (*puni*). — La terre de l'Afrique est (*desséché*) par le soleil. — La lune et la terre sont (*éclairé*) par le soleil. — La Suède et le Danemark[1] sont (*séparé*) par un détroit. — L'Espagne et la France sont (*séparé*) par les Py-

---

1. **Suède et Danemark**, contrées situées au nord de l'Europe.

rénées [1]. — Le Portugal et l'Espagne sont (*compris*) dans la péninsule Hispanique. — Les montagnes de la Suisse sont (*couronné*) de glaciers [2] (*formé*) par la fonte des neiges dont ils sont toujours (*couvert*).

L'ÎLE DE ROBINSON CRUSOÉ.

Faites accorder les participes soulignés.

Ex. 584. L'île de Juan Fernandez, qui fut (*habité*) par le matelot Selkirk, est (*situé*) dans le Grand-Océan. Elle est (*soumis*) au Chili [3], et elle a été (*loué*) à un gentilhomme de Valparaiso [4]. Elle est aujourd'hui (*exploité*) par douze personnes (*occupé*) à cultiver le sol. Les chèvres sauvages y sont aussi (*abondant*) qu'autrefois. Mais les chiens ont été (*chassé*) et (*tué*), à l'exception d'un seul. L'île entière paraît volcanique [5]. Les rocs sont (*formé*) d'une pierre verdâtre, (*couvert*) d'une lave [6] (*rempli*) de scories dont la décomposition a (*formé*) le sol. Les coteaux sont (*orné*) de myrtes et de plantes (*grimpant*); mais la plaine est (*orné*) de figuiers, de pêchers, de cerisiers et de pommiers (*verdoyant*).

Ex. 585. Au sommet d'une colline (*escarpé*), sur le bord d'une route (*montant*) et (*taillé*) dans le roc, on aperçoit, (*cloué*) sur la pierre (*incliné*), une plaque de bronze où se trouve (*gravé*) l'inscription (*suivant*) : « A la mémoire de l'Écossais Alexandre Selkirk, matelot de la marine royale anglaise, qui vécut seul dans cette île, où il fut (*déposé*) en 1704, et d'où il fut (*emmené*) en février 1709. Il mourut lieutenant de la marine (*royal*) en 1728, à l'âge de 47 ans. » Cette inscription a été (*posé*) près de l'observatoire de Selkirk par les soins (*vigilant*) et (*empressé*) des officiers du vaisseau le Topaze, en l'an 1868. »

---

1. **Pyrénées**, montagnes qui séparent l'Espagne de la France.

2. **Glaciers**, amas de glaces qui couvrent le sommet des montagnes.

3. **Chili**, contrée de l'Amérique du Sud.

4. **Valparaiso**, ville du Chili.

5. **Volcanique**, c.-à-d. de la nature des volcans, formée par leur éruption.

6. **Lave**, matière liquide vomie par les volcans en éruption, et qui devient solide par le refroidissement.

Troisième cas. — Participe passé avec l'auxiliaire A VOIR

§ 242. — Règle unique. Le participe passé joint à l'auxiliaire *avoir*, s'accorde avec le *complément direct*, si celui-ci est *avant;* il reste invariable si le complément direct est *après* ou s'il n'y en a pas.

> Ex. : La lettre *que* j'ai **écrite** était intéressante. Les livres *qu'*elle a **lus** sont instructifs. L'affaire *qu'*il a **entreprise** réussira. Vos torts, je *les* ai **oubliés**.

J'ai écrit quoi? *que*, mis pour *lettre*. — Elle a lu quoi? *que*, mis pour *livres*. — Il a entrepris quoi? *que*, mis pour *affaire*. — J'ai oublié quoi? *les*, mis pour *torts*. — Les compléments directs *que, les,* sont placés **avant** le participe : ACCORD.

> Ex. : Ma mère a **écrit** *une lettre*. — Mes frères ont **prêté** *des livres*. Ils ont **vaincu** *les ennemis*. Mes sœurs ont **entrepris** *une affaire*.

Ma mère a écrit quoi? une lettre. — Mes frères ont prêté quoi? des livres. — Ils ont vaincu qui? les ennemis. — Mes sœurs ont entrepris quoi? une affaire. — Les compléments directs *une lettre, des livres, les ennemis, une affaire,* sont placés **après** le participe : PAS D'ACCORD.

> Ex. : Ils ont *écrit*. Nous avons *mangé*. Notre mère a bien *souffert*.

Il n'y a pas de complément direct: *pas d'accord.*

Participe des verbes pronominaux.

Nous nous sommes flattés. — Ils se sont parlé.

§ 243. — Dans les verbes pronominaux, l'auxiliaire *être* est mis pour l'auxiliaire *avoir*.

Le participe s'accorde donc avec le complément direct, s'il en est précédé; il reste invariable si le complément direct le suit ou s'il n'y en a pas.

> Ex. : Nous *nous* sommes *flattés* (nous avons flatté nous. — Le complément direct *nous*, est avant: accord).
>
> Ces conquérants *se sont arrogé* des droits exorbitants, c'est-à-dire, *ont* arrogé des droits *à eux*. — Le complément direct *des droits* est après: pas d'accord.
>
> Ils *se sont parlé* (ils ont parlé *à eux*. — Il n'y a pas de complément direct : pas d'accord).

Corrigez les participes, s'il y a lieu.

Ex. 586. Les Romains conservèrent leur haine contre les Carthaginois, même après les avoir *détruit*. Mes chères richesses, qu'êtes-vous *devenu?* Hélas ! je vous ai *perdu* en moins de temps encore que je ne vous avais *gagné*. Pierre le Grand a *forcé* la nature en tout ; et les arts qu'il a *transplanté* ont *rendu* témoignage de son génie, et ont *éternisé* sa gloire.

Ex. 587. Les empires ne peuvent se soutenir que par l'équité des mêmes lois qui les ont *formé*. Les Perses, adorateurs du soleil, ne souffraient point les idoles des rois qu'on avait *fait* dieux. Nous avons *parcouru* avec plaisir les riches campagnes de la Normandie. Autant Alexandre a *attaqué* de peuples, autant de victoires il a *remporté*.

73. RESPECTEZ LES NIDS DES OISEAUX.

Ex. 588. Il existe dans les campagnes une coutume barbare que nous avons toujours *essayé* de déraciner : c'est celle de détruire les nids qu'ont *bâti* les oiseaux. Plusieurs d'entre vous se sont peut-être *laissé* aller à ce jeu cruel, pour s'être trop peu *préoccupé* de l'utilité réelle que Dieu a *départi* à ces petits êtres, qui nous ont toujours *rendu* tant de services.

Ex. 589. Le peu de réflexion que vous avez *eu* en commettant ces actes, vous aura sans doute *empêché* de songer qu'aucune espèce animale n'a été *créé* sans but et sans nécessité ; que ces petits oiseaux, que vous avez *osé* tuer, étaient *destiné* par Dieu à détruire les myriades d'insectes malfaisants que vous avez *vu* souvent s'attacher aux tiges des végétaux, et qui, après s'être même *niché* au dedans, les ont bientôt *détruit*.

Ex. 590. Ainsi, autant de petits oiseaux vous avez cruellement *détruit* dans leurs nids, autant de destructeurs d'insectes funestes vous avez *enlevé* à vos jardins et à vos vergers, et il peut se faire qu'un jour, faute de cette quantité incroyable de petits oiseaux que vous et tant d'autres avez *tué*, les insectes se soient tellement *multiplié*, que les hommes cherchent vainement un remède contre ce fléau.

Récapitulation sur le participe passé.

LE CHEVAL ARABE.

Ex. 591. Un Arabe et sa tribu avaient (*attaqué*) dans le désert une caravane (*isolé*). La victoire était (*resté*) aux assaillants, et déjà les pillards étaient (*occupé*) à charger leur butin, quand les cavaliers que le pacha avait (*envoyé*) à la rencontre de cette caravane, ayant (*fondu*) à l'improviste sur les Arabes victorieux, en eurent bientôt (*tué*) un grand nombre. Ils firent prisonniers ceux qu'ils avaient (*blessé*) et, les ayant (*attaché*) avec des cordes, ils les emmenèrent.

Ex. 592. Abou-el-Marsch avait (*reçu*) une balle dans le bras. Comme sa blessure n'avait pas été (*jugé*) mortelle, les Turcs l'avaient (*attaché*) sur un chameau et s'étaient (*emparé*) de son cheval. Le soir, ils s'étaient (*arrêté*) avec leurs prisonniers et avaient (*campé*) dans les montagnes de Japhadt [1]. L'Arabe (*blessé*) avait les jambes (*lié*) ensemble. Pendant la nuit, (*tenu*) (*éveillé*) par la douleur (*cuisant*) de sa blessure, il entendit hennir son coursier parmi les chevaux (*entravé*) [2] autour des tentes. A peine eut-il (*reconnu*) sa voix qu'il se traîna près de lui :

Ex. 593. « Pauvre ami, lui dit-il, que feras-tu parmi les Turcs ? les femmes et les enfants (*chargé*) de ton entretien ne t'apporteront plus l'orge (*mondé*)[3] dans le creux de la main ; tu ne fendras plus les eaux (*écumant*) du Jourdain [4], par qui était (*rafraîchi*) ta blanche robe [5]. Ah ! qu'au moins, si je suis esclave, tu restes libre ! Va, retourne à la tente [6] que tu as récemment (*quitté*) ; va dire à ma femme (*désolé*) qu'Abou-el-Marsch ne reviendra plus, et passant ta tête (*effilé*) entre les rideaux (*flottant*) de la tente, lèche les mains (*caressant*) de mes petits enfants ! »

Ex. 594. Après avoir (*prononcé*) ces paroles, l'Arabe eut bientôt (*achevé*) de ronger la corde avec laquelle sont ordinairement (*attaché*) les chevaux arabes, et l'animal était libre. Mais voyant son maître (*blessé*) et (*enchaîné*) à ses pieds, le fidèle coursier baissa la tête, et quand il eut (*saisi*) avec les dents la ceinture de cuir qui était (*serré*) autour de son corps, il partit au galop, et l'eut bientôt (*emporté*) jusqu'à sa tente. Mais quand ils furent (*arrivé*) et qu'il eut (*jeté*) l'Arabe aux pieds de sa femme et de ses enfants (*épouvanté*), le cheval expira de fatigue.

D'après **Lamartine**.

QUESTIONNAIRE.

Quelle est la règle du participe passé joint à l'auxiliaire *avoir* ? | Citez des exemples et expliquez-les.

---

1. **Japhadt**, montagne de Syrie.
2. **Entravé**, lié par les pieds.
3. **Mondé**, purifié, nettoyé. L'orge mondé, c'est l'orge dépouillé de sa pellicule. *Orge* est ici du masculin.

4. **Jourdain**, fleuve de Palestine.
5. **Robe**, signifie ici pelage du cheval.
6. **Tente**, pavillon de toile : ne confondez pas avec *tante*.

Modèle d'analyse du verbe.

L'ANE.

L'âne *est considéré*, mais, à tort, comme le portrait du mauvais élève. Il *mérite* bien mieux d'*être regardé* comme le symbole[1] de la résignation. Paria[2] du cultivateur et *naissant* pour la souffrance, il *souffre* avec patience les plus durs traitements ; *doué* d'une longanimité[3] extraordinaire, il *brait*, il *se plaint* rarement, et il *atteint* les dernières limites de la patience. *Négligé* par son maître, il *faut* qu'il *batte* lui-même l'herbe où il *se couche* ; sobre entre tous les animaux, il *boit* avec modération de l'eau claire, et *se repaît* sans répugnance de quelques chardons *piquants*.

Est considéré,	Verbe passif au prés. de l'ind. 3° p. s. 1re c.
mérite	Verbe act. au prés. ind. 3e p. s. 1re c.
être regardé	Verbe pass. à l'infin. présent, 1re c.
naissant	Partic. prés. mot invariable, qual. âne.
souffre	Verbe act. au prés. ind. 3° p. s. 2° c. (irrég.)
doué	Participe passé masc. sing. qualifie il.
brait	Verbe neutre au pr. ind. 3° p. s. 4° c. (irrég.)
se plaint	Verbe prono. au pr. ind. 3e p. s. 4° c. (irrég.)
atteint	Verbe actif au prés. ind. 3e p. s. 4° c. (irrég.)
négligé	Participe passé, mas. sing. qualifie il.
il faut	Verbe imp. au présent ind. 3e p. s. 3° c.
batte	Verbe act. au pr. du subj. 3e p. s. 4° c. (irrég.)
se couche	Verbe pron. au pr. ind. 3e p. s. 1re c.
boit	Verbe act. au pr. ind. 3e p. s. 4° c. (irrég.)
se repaît	Verbe pron. au pr. ind. 3e p. s. 4° c. (irrég.)
piquants.	Adj. verb. masc. pl. qualifie chardons.

Analysez de même les verbes soulignés.

Ex. 595. *Il fait* tout ce qu'*il peut* pour *plaire* à son maître, mais il lui *plaît* rarement. S'il *prend* parfois en cachette quelque feuille de chou, combien de coups ne *reçoit*-il pas quand il *est découvert!* Il *vit* de peu, il ne *maudit* point son sort ; il ne *nuit* à personne, il *vainc* par sa modération tous nos animaux domestiques ; et quels fruits *recueille*-t-il de tous ses mérites ? des coups.

---

1. **Symbole,** image.
2. **Paria.** Dans l'Inde, les individus de la dernière classe sont appelés *parias* et subissent une foule d'humiliations. Ce mot a passé dans notre langue et signifie ici *souffre-douleur.*
3. **Longanimité,** patience.

MOTS INVARIABLES.
LA PRÉPOSITION.

§ 244. — La *préposition* est un mot invariable qui sert à unir deux mots et à en marquer le rapport.

Ex. : Je vais *à* Rome; je sors *de* la ville.

§ 245. — Les rapports exprimés par les prépositions peuvent se réduire à cinq; ce sont les rapports :

1° De TENDANCE ou d'ÉLOIGNEMENT, *à, de, envers, pour.*

2° De CAUSE, de PROPRIÉTÉ, d'ORIGINE : *de, par, pour.*

3° De MANIÈRE, de MOYEN : *avec, de, par, selon, sans, hors, hormis, outre, malgré.*

4° De TEMPS : *à, avant, après, de, dès, dans, en, depuis.*

5° De LIEU : *à, dans, en, de, chez, devant, avant, après, derrière, sur, sous, vers, entre, parmi, voici, voilà.*

REMARQUES. — I. Il ne faut pas confondre *à* préposition, avec *a,* troisième personne du singulier du verbe *avoir ; à,* préposition, est marqué d'un accent grave : Il monte *à* cheval; — *a,* verbe, n'a pas d'accent.

II. *Dès,* préposition, prend un accent grave : Il se lève *dès* l'aurore; — *des,* article contracté, est sans accent.

Locutions prépositives.

§ 246. — On appelle *locution prépositive* une réunion de mots faisant fonction de préposition. Exemples :

A cause de.	Au-dessous de.	En deçà de.	Par delà.
A côté de.	Au-dessus de.	En dépit de.	Par-dessus.
A l'égard.	Au-devant de.	En faveur de.	Près de.

Mettez un accent, s'il y a lieu, sur les mots entre parenthèses.

Ex. 596. C'est (a) leurs fruits que l'on reconnaît les bons arbres, et c'est (a) nos bonnes œuvres que l'on reconnaît les vertus de chacun. — Le bon cultivateur se lève (des) la pointe du jour et il s'occupe (des) travaux qu'il doit faire. — (Des) qu'un homme a pour lui le témoignage de sa conscience, il peut mépriser les calomnies (des) méchants. C'est (a) Paris que l'on voit les plus beaux monuments : le peuple de cette ville (a) un goût excellent.

QUESTIONNAIRE.

Qu'est-ce que la préposition?	Quelle différence y a-t-il entre *à* et
A combien peuvent se ramener les rapports exprimés par la préposition?	*a, dès* et *des.*
	Qu'appelle-t-on locution prépositive?

L'ADVERBE.

§ 247. — L'*adverbe* est un mot invariable qui sert à modifier un verbe, un adjectif ou un autre adverbe.

Ex. : Le ruisseau *coule lentement.*

§ 248. — Les principales modifications ajoutées par l'adverbe expriment les circonstances :

DE LIEU : *où, ici, là, dessus, dessous, devant, derrière, partout, loin, dedans, dehors, ailleurs, alentour, en, y,* etc.

DE TEMPS : *aujourd'hui, hier, demain, jadis, bientôt, tantôt, souvent, quelquefois, toujours, jamais, maintenant, naguère, auparavant, d'abord, ensuite, après, enfin,* etc.

DE QUANTITÉ : *beaucoup, assez, peu, trop, tant, très, entièrement, davantage, si, que,* etc.

D'INTERROGATION : *pourquoi? combien? comment?* etc.

D'AFFIRMATION : *oui, certes, vraiment, volontiers,* etc.

DE NÉGATION : *nullement, non, ne, pas,* etc.

DE DOUTE : *peut-être, probablement,* etc.

DE MANIÈRE : *sagement, poliment, bien, mal,* etc.

REMARQUE. — Il ne faut pas confondre *là,* adverbe, avec *la,* article ; *là* adverbe, se distingue par un accent grave : Sortez d'ici, venez *là.*

Locutions adverbiales.

§ 249. — On appelle *locution adverbiale* une réunion de mots faisant l'office d'adverbe.

Voici les principales locutions adverbiales :

A côté.	A tort.	En deçà.	Nulle part.
A la hâte.	Au delà.	En haut.	Par hasard.
A l'envi.	Au-dessous.	En vain.	Plus tôt, etc.

Mettez, s'il y a lieu, un accent sur *la.*

Ex. **597.** (La) Seine est le plus beau de nos fleuves, si l'on considère les paysages qui (la) bordent. — Evitez tout excès : (la) est le danger. — Rome est (la) patrie des arts : c'est (la) que nos artistes vont admirer les chefs-d'œuvre de l'antiquité. — Tout le monde admire (la) vertu : mais les méchants (la) voient sans (la) pratiquer.

LA CONJONCTION.

§ **250.** — La *conjonction* est un mot invariable qui sert à *unir* deux membres de phrase.

Ex. : Il faut fuir ce qui est mal ; — *Or*, l'oisiveté est un mal ; *Donc* il faut fuir l'oisiveté.

§ **251.** — Les principales conjonctions sont

Ainsi,	Donc,	Mais,	Ou,	Que,
Car,	Enfin,	Néanmoins,	Pourtant,	Quoique,
Cependant,	Et,	Ni,	Puisque,	Si,
Comme,	Lorsque,	Or,	Quand,	Toutefois.

REMARQUE. — On met un accent grave sur *où*, adverbe de lieu : *Où* allez-vous? — On n'en met point sur *ou* conjonction signifiant *ou bien* : C'est vous *ou* moi.

Locutions conjonctives.

§ **252.** — On appelle *locution conjonctive* une réunion de mots faisant l'office de conjonction.

Voici les principales locutions conjonctives :

Au contraire,	C'est pourquoi,	A moins que,	Bien que,
Au moins,	D'ailleurs,	Afin que,	De peur que,
Au reste,	Du moins,	Après que,	Jusqu'à ce que,
Au surplus,	En effet,	Avant que,	Parce que.

REMARQUE. — *Parce que*, en deux mots, est une conjonction signifiant *attendu que* : *Parce qu*'il est bon, faut-il qu'il soit faible? — *Par ce que*, en trois mots, se compose de *par*, préposition, de *ce*, pronom démonstratif, de *que*, pronom conjonctif, et signifie *par cela que, par cette chose que* : *Par ce que* vous me dites, je vois qu'on vous a trompé (*par cette chose que* vous me dites).

Corrigez les mots soulignés s'il y a lieu.

Ex. **598.** Allons toujours (*ou*) le devoir nous appelle. — La vanité (*ou*) la crainte nous font commettre bien des fautes. — Il faut (*ou*) travailler (*ou*) vivre dans une honteuse ignorance.

Jugez des hommes (*parce qu'*)ils font, et non (*parce qu'*)ils disent. — On se fâche souvent (*parce qu'*)on a tort. — Appréciez le mérite (*parce qu'*)il vaut et non (*parce qu'*)il rapporte.

QUESTIONNAIRE.

Qu'est-ce que la conjonction?	Quelle différence y a-t-il entre *où* et *ou*?
Quelles sont les principales conjonctions?	Qu'appelle-t-on locution conjonctive?

DE L'INTERJECTION.

§ 253. — *L'interjection* est un mot invariable qui sert à exprimer les sentiments vifs et subits de l'âme, la joie, la douleur, la surprise, etc.

La joie :	Ah ! bon !
La douleur :	Aïe ! ah ! hélas !
La crainte :	Ha ! hé ! ho !
L'admiration :	Ah ! eh ! oh !
L'aversion :	Fi ! fi donc !
Pour encourager :	Allons ! çà ! courage !
Pour appeler :	Holà ! hé !
Pour faire taire :	Chut ! paix !

REMARQUE. — Il faut rattacher à cette liste toutes les locutions qui s'emploient comme interjections :

Ex. : *Ciel ! miséricorde ! grand Dieu ! peste ! silence !*

Remplacez le tiret — par l'interjection convenable.

Ex. **599.** — disait un hibou, que mon sort est affreux ! — que les monuments de Paris sont admirables ! — jeunes élèves, taisez-vous et écoutez votre maître. —, mon enfant, continuez et vous mériterez nos éloges. — le mauvais sujet qui ne respecte pas son père ! —, venez ici, nous voulons vous dire deux mots.

Exercices lexicologiques.

Que signifient les mots *éruption, gouffre, cataracte, élan, lave, glaciers, symbole, tente, paria ?*

Modèle d'analyse des mots invariables.

Oui !	Interjection..
Tout	Pronom indéfini masc. sing. sujet de *prouve*.
prouve	3ᵉ pers. sing. du prés. de l'ind. du verbe actif *prouver*, 1ʳᵉ conj.
à,	Préposition, mot invariable.
chacun	Pronom indéf. 3ᵉ p. m. s. comp. indir. de *prouve*.
que	Conjonction, mot invariable.
Dieu	Nom propre masc. sing. sujet de *existe*.
existe	3ᵉ pers. sing. du prés. de l'ind. du verbe neutre *exister*, 1ʳᵉ conj.
	Adverbe, modifie *existe*.

www.ingramcontent.com/pod-product-compliance
Lightning Source LLC
LaVergne TN
LVHW020531060726
842525LV00004B/1150